SPANISH BUSINESS SITUATIONS

In the same series

*French Business Situations**
Stuart Williams and Nathalie McAndrew-Cazorla

*German Business Situations**
Paul Hartley and Gertrud Robins

*Italian Business Situations**
Vincent Edwards and Gianfranca Gessa Shepheard

Manual of Business French
Stuart Williams and Nathalie McAndrew-Cazorla

Manual of Business German
Paul Hartley and Gertrud Robins

Manual of Business Italian
Vincent Edwards and Gianfranca Gessa Shepheard

Manual of Business Spanish
Michael Gorman and María-Luisa Henson

*Accompanying cassettes available

SPANISH BUSINESS SITUATIONS

A spoken language guide

Michael Gorman
and
María-Luisa Henson

London and New York

Michael Gorman and María-Luisa Henson are Senior Lecturers in Spanish at the School of Languages and European Studies, University of Wolverhampton.

In the preparation of this handbook every effort was made to avoid the use of actual company names or trade names. If any has been used inadvertently, the publishers will change it in any future reprint if they are notified.

First published 1995
by Routledge
11 New Fetter Lane, London EC4P 4EE

Simultaneously published in the USA and Canada
by Routledge
29 West 35th Street, New York, NY 10001

Typeset in Rockwell and Univers by Solidus (Bristol) Ltd
Printed and bound in Great Britain by TJ Press (Padstow) Ltd, Cornwall

British Library Cataloguing in Publication Data
A catalogue record for this book is available from the British Library

Library of Congress Cataloguing in Publication Data
A catalogue record for this book has been requested

ISBN 0–415–12848–X (pbk)
ISBN 0–415–12849–8 (pack)

Contents

How to use this book

The spoken situations which follow are intended to cover a wide range of business interactions, from the brief and informal through to the more formal and prolonged exchange typical of the negotiating or interview situation. The user is encouraged not simply to read the situations together with their parallel English version, but to attempt, individually or in group work, with the help of the recording if applicable, the following exploitation exercises:

* using the original situations as models, construct dialogues on similar lines with the available vocabulary
* use the situations, or sections of them, as the basis for role-play exercises
* interpreting practice Spanish/English, English/Spanish
* practice in oral summary (i.e. listen to the recorded Spanish version, and then summarize the content, in English or in Spanish)
* oral paraphrase: listen to one version, then recount it using different expressions, but attempting to keep the same meaning
* transcription/dictation practice from the recording
* translation practice Spanish/English, English/Spanish

The material in the situations is intended as a basis for further expansion and exploitation, and is ideal for use in in-house training programmes, or in open learning centres, as well as for individual use.

Please note that English typesetting conventions have been followed throughout this book.

Primera parte
Section I

Por teléfono
On the telephone

1 Making an enquiry

(a) Can I visit?

Maureen Simmons	Good morning. Robinson's Motors.
Mr Lewis	Hello, my name is Lewis. I've just seen your advert for the Riva 25s available on fleet terms. We've been looking for half a dozen vehicles at the right price for a while and your offer interests us.
Maureen Simmons	Fine. Would you like me to send you more information?
Mr Lewis	No, thanks. I'd rather come down to your salesroom this afternoon with a colleague to discuss the matter with you.
Maureen Simmons	No problem, sir. My name is Maureen Simmons and I'll be available from 2.30. Can you give me your name again and your company, please?
Mr Lewis	Of course. It's Alan Lewis, from Stafford Electronics. I know where your office is, so we'll be there for 2.30. See you then, goodbye.
Maureen Simmons	Thanks, see you later.

1 Pidiendo información

(a) ¿Puedo pasar a verle?

Marisa Sanz   Buenos días.[1] Automóviles Ramírez.

Sr Linares   Buenos días. Me llamo[2] Linares. Acabo de ver el anuncio referente a la flota de los Riva 25 que tiene disponibles. Hace algún tiempo que llevamos buscando unos cuantos automóviles[3] a precio competitivo, y por consiguiente estamos interesados en su oferta.

Marisa Sanz   Vale. ¿Quiere que le envíe más información?

Sr Linares   No, gracias. Prefiero acercarme hasta la sala de exposición con un colega esta tarde, y hablar del asunto con usted.

Marisa Sanz   Sin problema alguno, señor. Pregunte por Marisa Sanz, que soy yo, y estaré a su disposición a partir de las dos y media. ¿Quiere darme su nombre y el de su empresa?

Sr Linares   Por supuesto. Alfonso Linares, de Electrónica San Fermín. Ya sé dónde está ubicado su negocio, así que pasaremos por ahí a las dos y media. Hasta luego. Adiós.

Marisa Sanz   Gracias y hasta luego.

1   In Latin America: variously ¡Aló! or ¿Hola? or ¿Bueno?, depending upon the country.
2   In Latin America more likely: *Mi nombre es*. . . . A further alternative to both is *Soy* + first and surname.
3   Likely to be abbreviated in speech to *autos* (also *coches* in Spain, or *carros* in Latin America).

(b) Sales enquiry

Telephonist	Preece and Pritchard. Good morning.
James Davies	Good morning. Could you put me through to Sales?
Telephonist	Certainly. Just a moment.
Sales Department	Sales, good morning. Can I help you?
James Davies	My name is James Davies, from Goodright Inc. I'm ringing to enquire if you sell water pumps?
Sales Department	Yes, we do. Industrial and domestic.
James Davies	Can you send me a copy of your catalog and price list?
Sales Department	Certainly, just give me your address and we'll get it off to you later today.

(b) ¿Vende usted . . . ?

Telefonista	Buenos días. Pérez y Pintor.
Jaime Dávila	Buenos días. ¿Podría conectarme[1] con el departamento de ventas?
Telefonista	Sí, cómo no.[2] Un momento, por favor.
Ventas	Buenos días. Ventas. Dígame.[3]
Jaime Dávila	Le habla Jaime Dávila de Gomera S.A. Le llamo para preguntarle si venden bombas de agua.
Ventas	Por supuesto que sí. Para uso doméstico e industrial.
Jaime Dávila	¿Podría enviarme una copia de su catálogo junto con la lista de precios?
Ventas	No faltaría más.[4] Deme su dirección, y se las enviaremos esta misma tarde.

1 This verb is especially common in Latin America; more frequent in Spain is *poner con*.
2 Literally, 'how not' (meaning, 'why not?'/'yes'), and sometimes written with question marks.
3 Literally, 'Tell me' (the most frequent response on answering a ringing phone), and sometimes written with question marks.
4 Literally, 'It would not lack more' (idiomatic term).

2 Ordering

(a) Placing an order

Tracy	DIY Stores, Tracy speaking. How can I help you?
Customer	I should like to order some plywood please.
Tracy	Certainly sir, putting you through.
Wood Department	Wood Department. Can I help you?
Customer	I would like to order quite a large quantity of plywood.
Wood Department	Certainly sir. Do you know what quality or can you tell me what it is for?
Customer	It's to make shelving and the quality should be good enough to hold books.
Wood Department	Right, then I would suggest three-ply 1½ cm thickness. How many metres do you want to order?
Customer	I need 150 metres. Is there a discount for quantity?
Wood Department	There are progressive discounts starting from 50 metres.
Customer	Very good. I will give you my address and you can tell me when your earliest delivery date is and what invoicing procedure you operate.

(b) Changing an order

Colin Pine	Please put me through to Steve Jones in Sales.... Hello, Steve. Colin here. I've had a think about what you suggested yesterday regarding the photocopier we ordered. We've decided to change our order from the CF202 to the FC302. I think that will meet our requirements better. Shall I send you a new order?
Steve Jones	That would be a good idea. Please send it with a note cancelling the initial order.
Colin Pine	Thanks Steve. Bye.

2 Pedidos

(a) Solicitando un pedido

Trini	Bricolaje. Al habla Trini. Dígame.
Cliente	Quisiera que me sirvieran un pedido de contrachapado, por favor.
Trini	Por supuesto, señor; ahora le conecto.
Depto. de maderas	Maderas. Dígame.
Cliente	Quisiera que me sirvieran un pedido bastante grande de contrachapado.
Depto. de maderas	Sí, señor. ¿De qué calidad? o ¿Para qué es?
Cliente	Es para estanterías, y la calidad tiene que ser lo suficientemente buena como para aguantar peso de libros.
Depto. de maderas	Bueno, entonces le sugiero el de tres láminas y de un centímetro y medio de grosor. ¿Cuántos metros quiere?
Cliente	Necesito ciento cincuenta metros. ¿Hacen descuento[1] según la cantidad?
Depto. de maderas	Hacemos descuento progresivo sobre pedidos a partir de cincuenta metros.
Cliente	Muy bien. Le voy a dar mi dirección, y dígame la fecha del próximo reparto junto con el modo de pago ...[2]

1 *Hacer descuento*: to give discount.
2 More formally: *modo de facturación*.

(b) Cambiando un pedido

Carlos	Por favor, póngame[1] con Esteban López, de Ventas. . . . Hola, Esteban. Soy Carlos.[2] He estado pensando sobre lo que me comentabas ayer respecto a la fotocopiadora que pedimos. Hemos decidido cambiar el pedido de la CF202 por la FC302. Pienso que cubrirá mejor nuestras necesidades.[3] ¿Quieres que te envíe un pedido nuevo?
Esteban	Me parece una idea muy buena. Haz el favor de enviármelo adjuntando una nota que cancele el anterior.
Carlos	Gracias, Esteban. Adiós.

1 The *por favor* component is equally frequent before and after the verb, which is naturally an *usted* command. In Latin America *comuníqueme* is most widely used.
2 The informal greeting is used. *Soy Carlos* (literally, 'I am Carlos') means 'It's Carlos' in this particular context.
3 *Cubrir necesidades*: to cover needs.

7

(c) Cancelling an order

Store manager	Hello, Sandhu's Wholesale.
Customer	Morning. It's Mrs Wilson here, of Lomas Supermarket. I'm ever so sorry, but my brother has got our order wrong this week. Do you mind if we change it over the phone?
Store manager	No, madam, as long as there's nothing perishable that we've had to order specially. Can you give me the order number?
Customer	Yes, it's SCC 231. We only put it in three days ago and it's all packaged catering goods. What we want is to cancel the soft drinks and the cereals, and have instead another 15 large boxes of Mercury. Is that all right?
Store manager	I've found your order and the invoice. We can change that before you call tomorrow and I'll make you out another bill. Will you pay on the spot?
Customer	Yes, by cheque as usual. Thanks for your help. See you tomorrow.

(d) Confirming receipt of an order

Telephonist	Klapp and Weaver. Good morning.
Julie Little	Morning. Can I speak to Mr Rees, please?
Telephonist	Yes, putting you through now.
George Rees	Hello, Rees here.
Julie Little	Morning Mr Rees. Julie Little here. I'm ringing to confirm receipt of our order number B/397/386.
George Rees	The radial tyres?
Julie Little	Yes, that's them. They arrived today. You asked me to confirm receipt as soon as possible.
George Rees	Well, thanks for letting me know.
Julie Little	We'll get your invoice processed in the next few days.
George Rees	Fine. Thanks for ringing. Goodbye.
Julie Little	Goodbye.

(c) Anulando un pedido

Jefe de Almacén	Mayoristas Sánchez. Dígame.
Clienta	Buenos días. Soy la señora Vicente, del supermercado Solysombra. Siento que esta semana mi hermano se haya equivocado con nuestro pedido. ¿Le molesta que cambiemos ahora por teléfono?
Jefe de Almacén	Pues no, señora, si no incluye productos perecederos pedidos urgentemente por nosotros. ¿Me da[1] el número del pedido, por favor?
Clienta	Claro, es el SCC231 (dos tres uno). Lo solicitamos hace tan sólo tres días y consiste en comestibles ya embalados. Lo que pasa[2] es que queremos anular los refrescos y los cereales y pedir en su lugar quince cajas grandes más de Mercurio. ¿Está bien?
Jefe de Almacén	Aquí tengo su pedido y la factura. Sí que lo podemos anular, y así cuando venga usted mañana le pasaré[3] la nueva factura. ¿Prefiere pagar en el momento?
Clienta	Sí, señor. Pagaré con cheque, como de costumbre. Gracias por todo. Hasta mañana.

1 A commonly used alternative (as interrogative) to the command.
2 *Lo que pasa es que*: a frequently used expression in popular speech to precede the recounting or explanation of events.
3 *Pasar*: to hand over (here).

(d) Confirmando recibo de un pedido

Telefonista	Buenos días. Hermanos Cepillo.
Julia Lagos	Buenos días. ¿Podría hablar con el señor Ruiz, por favor?
Telefonista	Sí, un momento que le conecto.
José Ruiz	Diga. Al habla Ruiz.
Julia Lagos	Buenos días, señor Ruiz. Soy Julia Lagos. Le llamo para confirmarle el pedido[1] número B/397/386.
José Ruiz	¿Los neumáticos radiales?
Julia Lagos	Sí, ése. Han llegado hoy. Me pidió que le confirmara recibo de los mismos[2] lo antes posible.
José Ruiz	Bien. Gracias por comunicármelo.
Julia Lagos	Le tramitaremos la factura dentro de unos días.
José Ruiz	Bueno. Gracias por llamar. Adiós.
Julia Lagos	Adiós.

1 The notions of 'receipt of' and 'our' are implied.
2 The tyres.

(e) Clarifying details of an order

Edward	Good afternoon, DIY Stores, Edward speaking.
Customer	Hello, I am ringing about an order I made on the 27th. My name is Jones.
Edward	Just a moment . . . 24 litres of paint to be delivered on the 4th, in the name of Mr B Jones?
Customer	Yes, that's the order but I would like to change a couple of details if possible.
Edward	Certainly Mr Jones. Go ahead.
Customer	I originally ordered six litres of eggshell blue matt, I would like to change that to sky blue vinyl silk. Is that OK?
Edward	Yes, that is all right. We have it in stock. Anything else?
Customer	Just the delivery address. Could you deliver the paint to the site, 34 Western Way, on the 4th as agreed?
Edward	No problem, sir.

(e) Aclarando detalles sobre un pedido

Eduardo	Bricolaje. Buenas tardes. Eduardo al aparato.[1]
Cliente	Oiga.[2] Le llamo acerca de un pedido que hice el día veintisiete. Le habla Jiménez.
Eduardo	Un momentito . . .[3] ¿veinticuatro litros de pintura para ser despachados el día cuatro a nombre del señor B. Jiménez?
Cliente	Efectivamente, ése es el pedido, pero a ser posible me gustaría cambiar un par de cosas.
Eduardo	¿Cómo no? Usted dirá.[4]
Cliente	En principio pedí seis litros mate, colorido azul cáscara de huevo. Me gustaría cambiarlo por la pintura vinílica brillante azul celeste. ¿Puede ser?
Eduardo	Por supuesto que sí. La tenemos en almacén. ¿Alguna otra cosa?
Cliente	Sólo la dirección de adónde enviar el pedido. ¿Podrían enviarlo a la Avenida de la Cruz, número treinta y cuatro, para el día cuatro, según lo acordado?[5]
Eduardo	Sin ningún problema, señor.

1 A further way of answering the phone.
2 Literally, 'Listen'; formal singular command frequently used in conversation and on the telephone.
3 Typical diminutive, to indicate brevity of time kept waiting.
4 Literally, 'You will say'.
5 Literally, 'according to the agreed'.

3 Making an appointment

Receptionist	Good morning, Chiltern International. Can I help you?
Paul Wignall	Good morning, I would like to speak to Mrs Mills's secretary.
Receptionist	One moment, please.
Secretary	Sue Jones.
Paul Wignall	Good morning, Ms Jones. My name is Wignall, from Whitnash Industries. I shall be in your area next week and would like to discuss product developments with Mrs Mills. The best day for me would be Tuesday or Wednesday.
Secretary	Just let me have a look at Mrs Mills's diary. She could see you Wednesday morning at 10.
Paul Wignall	That would be fine. Thank you very much.
Secretary	Thank you.
Paul Wignall	Goodbye.
Secretary	Goodbye.

3 Llamada concertando una entrevista

Recepcionista	Buenos días, Corona Internacional S.A. Dígame.
Pablo Valle	Buenos días. Quisiera hablar con la secretaria de la señora Mola.
Recepcionista	Un momentito, por favor ...
Susana Gil	Susana Gil al habla.
Pablo Valle	Buenos días, señorita Gil. Soy el señor Valle de Industrias Obando. Pasaré por esa zona la semana que viene, y me gustaría hablar con la señora Mola sobre el desarrollo de productos. A mí me vendría mejor[1] el martes o el miércoles.
Susana Gil	Espere que eche un vistazo a la agenda de la señora Mola. Podría verse con[2] usted el miércoles a las diez de la mañana.
Pablo Valle	Está bien. Muchas gracias.
Susana Gil	Gracias a usted.[3]
Pablo Valle	Adiós.
Susana Gil	Adiós.

1 Literally, 'It would come better to me'.
2 Literally, 'to see herself with'.
3 A standard way to repay gratitude just expressed.

4 Invitation to attend a meeting

Secretary   Hello, Mr Anguita?

Director   Yes, speaking.

Secretary   Javier Clemente here. I'm secretary to Lucía Ordóñez, public relations manager at Agencia Rosell, Barcelona.

Director   Oh, yes. We met last week at the trade fair in Tarragona. She mentioned that your agency could perhaps assist my company.

Secretary   That's right. Well, since then she has been in touch with a number of local firms who wish to set up joint projects elsewhere in Europe. A meeting has been scheduled for Tuesday, 6 October, at our offices here in Barcelona. Lucía has written to invite you. I'm ringing now to give you advance warning.

Director   That's very kind. I'll check my diary and either way I'll get my secretary to ring you before the weekend. Will you thank Ms Ordóñez and tell her I hope I will be able to make it on the 6th?

Secretary   I will. Thank you, Mr Anguita. By the way, our number is 3516784.

Director   Sorry, I nearly forgot to ask you! Send her my regards, and thanks again. Goodbye.

Secretary   Good afternoon.

4 Invitación para asistir a una reunión

Secretario	Oiga. ¿Está[1] el señor Anguita?
Director	Sí, al habla.
Secretario	Le habla Javier Clemente. Soy el secretario de Lucía Ordóñez, jefa de relaciones públicas de la Agencia Rosell, de Barcelona.
Director	Ah, sí. Nos conocimos la semana pasada en la feria de muestras, en Tarragona. La señorita Ordóñez mencionó que su agencia quizás pueda ayudar a mi empresa.
Secretario	Eso es.[2] Desde entonces la señorita Ordóñez se ha puesto en contacto con varias empresas locales que desearían establecer co-proyectos en Europa. Se ha programado una reunión para el martes, seis de octubre, en nuestras oficinas, aquí en Barcelona. Lucía le ha escrito invitándole a que asista. Le llamo ahora para advertírselo[3] por adelantado.
Director	Es usted muy amable. Consultaré mi agenda; de un modo u otro mi secretaria se pondrá en contacto con usted antes del fin de semana. ¿Podría darle las gracias a la señorita Ordóñez y decirle que espero poder asistir el día seis?
Secretario	Así lo haré.[4] Gracias, señor Anguita. A propósito, nuestro número es el 3516784.
Director	Perdone, casi me olvido de preguntárselo. Bueno. Dele recuerdos de mi parte, y gracias una vez más. Adiós.
Secretario	Buenas tardes.

1   *Estar* used here for: 'Is X in?'.
2   A standard conversational way of confirming the previous statement.
3   To warn you (*se* for *le*) of it (*lo*); *lo* refers to the fact of the meeting having been arranged.
4   Literally, 'Thus I will do it'.

5 Apologizing for non-attendance

(a) At a future meeting

Mary Galton	Mary Galton.
Patrick Herman	Morning, Mary. Patrick Herman here.
Mary Galton	Hello, Patrick, how are you?
Patrick Herman	Fine thanks. Look, I've just received notice of the sales meeting called for next Tuesday.
Mary Galton	Yes, is there a problem?
Patrick Herman	Afraid so. I'll have to send my apologies. I'm already committed to a trade fair trip.
Mary Galton	OK. I'll pass on your apologies. Can you send someone in your place?
Patrick Herman	I've a colleague who can probably come. Her name is Susie Rogerson. She'll get in contact with you later today.
Mary Galton	Fine. Well, have a nice trip. I'll see you when you get back.

5 Excusándose por no poder asistir

(a) A una futura reunión

Marta Gallardo	Marta Gallardo, dígame.
Patricio Herrera	Buenos días, Marta. Soy Patricio Herrera.
Marta Gallardo	Hola, Patricio ¿qué tal?[1]
Patricio Herrera	Bien, gracias. Mira,[2] acabo de recibir notificación de la reunión sobre ventas, convocada para el martes.
Marta Gallardo	Sí, ¿pasa algo?[3]
Patricio Herrera	Sí. Siento decir que no voy a poder ir. Ya estoy comprometido a asistir a una feria de muestras.
Marta Gallardo	Bueno. Les diré que te excusen. ¿Puedes mandar a alguién en tu lugar?
Patricio Herrera	Tengo una colega que a lo mejor puede ir. Se llama Susana Rastro. Se pondrá en contacto contigo hoy, más tarde.
Marta Gallardo	Bueno. Pues, feliz viaje. Te veré a la vuelta.

1 Standard conversational Spanish. Alternatives: *¿cómo está(s)?, ¿qué hay?, ¿cómo anda(s)?* amongst others.
2 Command to attract the attention, physical or intellectual.
3 Colloquial. Literally, 'Is anything happening?'

(b) At a meeting that has already been held

George	Could you put me through to the Managing Director, please.
Secretary	Certainly, sir. One moment.
Henry	Hello, George. We missed you yesterday.
George	I am calling to apologize. I didn't write to you because I intended to come, but was prevented at the last moment.
Henry	I gather there's a spot of bother in the Gulf.
George	Oh you've heard. Bad news travels fast. Yes, we have a container ship on its way there and there are rumours of war.
Henry	What will you do? Send it somewhere else pro tem?
George	Yes, but don't worry – I'll sort it out. Meanwhile how did your 'do' go?
Henry	Very well. All the important people came. Barry Clerkenwell from the BOTB was asking for you. I said you'd give him a bell.
George	Will do, and sorry again that I couldn't make it.

(b) A una reunión ya celebrada

Jorge	Por favor, ¿podría conectarme con el director gerente?
Secretaria	Por supuesto. Un momentito, por favor.
Enrique	Hola, Jorge. Ayer te echamos de menos.[1]
Jorge	Llamo para pedirte disculpas. No te escribí porque tenía intención de ir, pero a última hora me fue imposible.
Enrique	Tengo entendido[2] que hay algo de dificultad en el Golfo.
Jorge	Ah, lo has oído. Las malas noticias corren como el fuego. Sí, tenemos un portacontenedores que se dirige hacia allí, y se rumorea que están en guerra.
Enrique	¿Qué vais[3] a hacer? ¿Mandarlo a algún otro lugar por ahora?
Jorge	Sí, pero no tienes por qué preocuparte. Lo resolveré. Entretanto, ¿cómo resultó vuestra recepción?
Enrique	Muy bien. Estuvo presente toda la gente importante. Mauricio Ortiz, del Ministerio, me preguntó por ti. Le dije que le darías un telefonazo.[4]
Jorge	Lo haré, y perdona una vez más que no fuera.

1 Idiomatic Spanish. Literally: 'we threw you of less'.
2 Literally, 'I have (it) understood'.
3 You plural (*vosotros*); form not used in Latin America.
4 The augmentative (-*azo*) refers to the action carried out with the instrument in question.

6 Making a complaint

Mr Russell	Service Department, please.
Assistant	Service Department. Can I help you?
Mr Russell	Hello, my name's Russell, from Littleborough Plant & Equipment. Item IP/234 was ordered by us two weeks ago and has still not been delivered. I rang on Wednesday and was promised delivery by 5 p.m. yesterday. But we're still waiting for it.
Assistant	I'm sorry, Mr Russell, let me check . . . I'm sorry to say they still haven't sent the part to us. It's still on order from the manufacturer.
Mr Russell	Look, I'm not interested in all that. I just want to know when we'll get the part. It's highly likely I'll lose a good customer if I don't repair his machinery. If I don't get the part today, I'll go to another supplier.
Assistant	I'll chase up the manufacturer and see what I can do. I'll get back to you by 1 o'clock and let you know what the situation is.

6 Expresando una queja

Sr Rosell   Póngame con el Departamento de Mantenimiento, por favor.

Empleado   Departamento de Mantenimiento. Dígame.

Sr Rosell   Soy el señor Rosell de Equipos Bach, de Lérida. Le hicimos el pedido de una pieza IP/234 hace dos semanas y todavía no nos la han entregado. Llamé el miércoles y prometieron que la tendríamos para las cinco de la tarde de ayer. Pero todavía seguimos esperándola.

Empleado   Perdone, señor Rosell, permítame que lo compruebe . . . Siento decirle que dicha pieza todavía no nos la han enviado. Estamos esperando que nos la envíe el fabricante.

Sr Rosell   Mire usted.[1] No me importa en absoluto todo eso. Lo que me interesa es saber cuándo dispondremos de[2] la pieza. Es muy probable que pierda un buen cliente si no reparo la maquinaria. Si no me envían la pieza hoy mismo,[3] recurriré a otro distribuidor.

Empleado   Le meteré prisa[4] al fabricante, y a ver qué pasa.[5] Le llamaré a usted a la una y le informaré de cuál es la situación.

1   A popular expression in Spanish for asking someone to take note.
2   *Disponer de*: to have available.
3   *Mismo* serves to emphasize the urgency ('this very day').
4   Literally, 'I will put haste into him'.
5   Colloquial: 'and we'll see how it goes'.

7 Reminder for payment

Tardy customer	Good day. Paul Erskine speaking.
Supplier	Hello, Mr Erskine. It's Bankstown Mouldings here. Did you receive a letter from us last week reminding you about the outstanding account you have with us?
Tardy customer	No, can't say I did. Mind you, that's no surprise when you see the state of this office. We've just moved from the middle of town.
Supplier	Oh. Sorry to hear that. Well, it's an invoice for $2,356 which we sent out on 17 April; it probably arrived on the 19th or 20th.
Tardy customer	Can you remind me what it was for?
Supplier	Of course. We supplied you in March with several hundred wood and plastic ceiling fittings for the houses you were working on at the time. The invoice code is QZ163P.
Tardy customer	OK. I'll ask my wife to have a good look for it. In the meantime, what about sending me a copy so that we can pay up at the end of the month even if we can't trace the original?
Supplier	That's no problem. I'll fax it to you this afternoon if you have a machine.
Tardy customer	Don't bother about faxing. I haven't seen ours since we moved! Send it by post to this address: Unit 12, Trading Estate, Pacific Highway. We'll settle up as soon as we get it. Sorry for the hassle.
Supplier	I'll post a copy today, and rely on you to keep your word.

7 Recordando efectuar un pago

Cliente   Buenas tardes. Paco Escribano al habla.

Distribuidor   Hola, señor Escribano. Le llamo de Moldes Sen. ¿Recibió usted una carta que le enviamos la semana pasada recordándole que tienen un pago pendiente con nosotros?

Cliente   No, no te[1] puedo decir que la he recibido. Bueno, no es de extrañar,[2] si vieras cómo está esta oficina. Acabamos de mudarnos de una del centro de la ciudad.

Distribuidor   Lamento saberlo. Bueno, se trata de una factura por valor de 235.600 pesetas que le enviamos el diecisiete de abril y que probablemente la recibirían el diecinueve o el veinte de abril.

Cliente   ¿Puedes recordarme de qué era?

Distribuidor   ¿Cómo no? En el mes de marzo les suministramos varios cientos de accesorios de plástico y de madera para los techos de las casas que estaban construyendo por aquel entonces. El número de la factura es el QZ163P.[3]

Cliente   Vale. Le diré a mi mujer que la busque bien. Entretanto ¿qué te parece[4] si me mandas una copia, y así podemos pagarte a finales de mes, incluso si no encontramos la original?

Distribuidor   Sin problema. Si tiene fax, se la enviaré esta tarde.

Cliente   ¡No te molestes por lo del fax![5] Lo he perdido de vista desde que nos mudamos aquí. Envíala a esta dirección: Unidad 12, Parque Comercial, Carretera de la Costa. Desembolsaremos en cuanto la recibamos. Disculpa las molestias ¿eh?

Distribuidor   Le enviaré una copia hoy, y confío en que cumpla lo prometido.[6]

1   Note immediate informal address used by the client.
2   Literally, 'it is not to surprise'.
3   Probably conveyed over the phone as follows: *ku, theta, uno, seis, tres, pe*.
4   Literally, 'what does it seem to you?'
5   *Lo de*: 'the matter of'.
6   Literally, 'the promised'.

8 Enquiry about hotel accommodation

Telephonist	Good morning, Hotel Brennan. Can I help you?
Customer	Hello. Can you put me through to Reservations?
Telephonist	Certainly. Putting you through now.
Reservations Desk	Reservations. Can I help you?
Customer	Morning. Could you tell me if you have a double room free from 14 to 16 May, or from 18 to 20 May?
Reservations Desk	Just a moment. I'll check for you. Yes, we do. On both dates.
Customer	What's the price?
Reservations Desk	The price per night, with bath and including breakfast, is £160. That includes service and VAT. Do you want to make a reservation?
Customer	I'll get back to you on it. Goodbye.
Reservations Desk	Goodbye.

8 Pidiendo información sobre alojamiento en un hotel

Telefonista	Buenos días. Hotel Palace. Dígame.
Cliente	Oiga. ¿Puede ponerme con Reservas?[1]
Telefonista	Por supuesto. Ahora mismo le conecto.
Recepcionista	Reservas, dígame.
Cliente	Buenos días. ¿Podría decirme si van a tener libre alguna habitación[2] doble del catorce al dieciséis de mayo, o del dieciocho al veinte?
Recepcionista	Un momento, por favor. Voy a ver lo que nos queda. Sí, tenemos libres[3] para ambas fechas.
Cliente	¿Qué precio tiene?
Recepcionista	El precio por noche, en habitación con baño, e incluyendo el desayuno, es de veinte mil (20.000) pesetas. Van[4] incluidos el servicio y el IVA.[5] ¿Quiere que se la reservemos?
Cliente	Le volveré a llamar. Adiós.
Recepcionista	Adiós.

1 In Latin America: *Reservaciones*.
2 In Latin America: *pieza*.
3 *Habitaciones* is understood.
4 The use of verb *ir* for *estar* or *ser* is frequent in Spanish.
5 *Impuesto al Valor Agregado/Impuesto sobre el Valor Añadido*.

9 Changing an appointment

Susana López	Hello. May I speak to Elena Aznar?
Elena Aznar	Yes, that's me. How can I help you?
Susana López	This is Susana López. I rang yesterday to see if I could visit the Ministry on Friday to discuss with your staff the new plans for tax reforms in the recent Budget. Unfortunately, my boss has just told me that the time we fixed is no good as I have to attend an urgent meeting with him. Could we possibly change our appointment?
Elena Aznar	I'm sorry that's happened, but don't worry. When do you think you can come?
Susana López	Any chance of the following week, maybe Tuesday afternoon?
Elena Aznar	It looks unlikely, I'm afraid. How about Thursday at about 10.30? All the key staff should be here then.
Susana López	If you can give me a moment, I'll check . . . Yes, that's fine as long as you don't mind me leaving by 1 p.m. – my boss has to fly to the States in the afternoon.
Elena Aznar	That will suit us. When you arrive, please inform the security staff and they will direct you to the relevant department, which is on the fourth floor. OK?
Susana López	Many thanks for being so helpful. Until the 8th then?
Elena Aznar	Till then. Goodbye.

9 Cambiando horario para asistir a una cita

Susana López	Oiga. ¿Puedo hablar con Elena Aznar?
Elena Aznar	Sí, soy yo. ¿Qué desea?[1]
Susana López	Aquí Susana López. Llamé ayer para ver si podía visitar el Ministerio el viernes: para hablar con su personal sobre los nuevos planes del reciente Presupuesto para reformar los impuestos. Por desgracia, mi jefe me acaba de decir que la hora que fijamos no es conveniente ya que tengo que asistir con él a una reunión urgente. ¿Habría posibilidad de cambiar la cita?
Elena Aznar	Siento lo que ha pasado, pero no se preocupe.[2] ¿Cuándo podría venir?
Susana López	¿Podría ser la semana siguiente, quizás el martes por la tarde?
Elena Aznar	Me parece que no,[3] lo siento. ¿Qué le parece el jueves a eso de las diez y media? A esa hora estará aquí todo el personal pertinente.
Susana López	A ver,[4] un momento que voy a mirar ... Sí, me viene bien, con la condición de que no le importe si salgo a la una: mi jefe tiene que coger un vuelo[5] a los Estados Unidos por la tarde.
Elena Aznar	Eso nos viene bien a nosotros. Cuando llegue, haga el favor de informar a los de seguridad, quienes se encargarán de dirigirle al departamento apropiado, que está en el cuarto piso. ¿Vale?
Susana López	Gracias por su cooperación. Hasta el día ocho.
Elena Aznar	Hasta entonces. Adiós.

1 Less brusque in Spanish than its direct English equivalent.
2 A standard way in Spanish to calm others' concern; more colloquially, *tranquilo*, or even *tranqui* can be used.
3 Literally, 'It seems to me that not'.
4 Literally, 'To see ...'.
5 In Latin America *tomar* rather than *coger*: 'to take (a flight)'.

10 Informing of a late arrival

James Cannon	James Cannon.
Paul Alexander	Morning James, Paul here.
James Cannon	Hi, Paul. Where are you?
Paul Alexander	Still at Heathrow – my flight has been delayed.
James Cannon	So you'll be late for the meeting.
Paul Alexander	Afraid so! I'm now due to arrive at Düsseldorf at 11.15. I should be with you about 12.
James Cannon	Don't worry. We'll push the start of the meeting back to 11.30 and take the less important agenda items first.
Paul Alexander	Fine. Thanks for that. Look, I'd better dash – they've just called the flight.
James Cannon	OK. See you later. Bye.
Paul Alexander	Bye.

11 Ordering a taxi

Taxi firm	Hello.
Customer	Hello, is that A & B Taxis?
Taxi firm	Yes, dear. What can we do for you?
Customer	We would like a cab straightaway to take our Sales Manager to the airport.
Taxi firm	Birmingham Airport?
Customer	Yes, the new Eurohub. It's quite urgent. He has to be at the check-in in 35 minutes.
Taxi firm	Don't worry, we'll get him there. Give me your address and a cab will be with you in 5 minutes.

10 Notificando retraso en la llegada

José Carmona	Aquí José Carmona.
Pablo Alejandro	Buenos días, José. Soy Pablo.
José Carmona	Hola, Pablo. ¿Dónde te encuentras?
Pablo Alejandro	Todavía en Barajas,[1] han retrasado el vuelo.
José Carmona	Entonces llegarás tarde a la reunión.
Pablo Alejandro	Así es.[2] Llegaré a Sevilla a las once y cuarto. Estaré con vosotros a eso de las doce.
José Carmona	No empezaremos la reunión hasta las once y media, y presentaremos primero los puntos menos importantes del orden del día.
Pablo Alejandro	Bueno. Te lo[3] agradezco. Mira, tengo que marcharme; acaban de anunciar el vuelo.
José Carmona	Bueno. Hasta más tarde. Adiós.
Pablo Alejandro	Adiós.

1 The name of Madrid's airport.
2 Literally, 'Thus it is'.
3 *Lo*: José's delaying of the agenda items.

11 Llamada al servicio de taxis

Servicio de Taxis	Diga.
Cliente	Oiga. ¿Es el servicio de taxis A y B?
Servicio de Taxis	Sí, querida.[1] Diga.
Cliente	Nos gustaría que mandaran un taxi ahora mismo para llevar a nuestro Director de Ventas al aeropuerto.
Servicio de Taxis	¿Al aeropuerto de Barcelona?
Cliente	Sí, a la nueva terminal[2] del Puente Aéreo Europeo.[3] Es bastante urgente. Tiene que estar en facturación dentro de treinta y cinco minutos.
Servicio de Taxis	No se preocupe usted, que le llevaremos. Deme su dirección, que dentro de cinco minutos llegará ahí el taxi.

1 The taxi operator uses a frequent, if over-familiar, greeting to the unknown caller (here assumed to be female).
2 In Latin America: *el terminal*.
3 Literally, 'European Air Bridge'.

12 Checking flight information

Travel agent	Russell's Travel, good morning.
Customer	Could you confirm my travel details for me, please?
Travel agent	Certainly sir. Do you have your ticket? Can you give me the details?
Customer	My flight number is EA739 to Prague next Wednesday and then on to Bratislava the next day.
Travel agent	Flight EA739 leaves Heathrow at 11.35 a.m. and arrives in Prague at 15.05. Flight CZ417 leaves Prague at 16.30 and gets to Bratislava at 17.20. Is it an open ticket?
Customer	No, it's an Apex ticket.
Travel agent	That's fine, then. You must check in one hour before departure.
Customer	Thank you very much for your help.
Travel agent	Don't mention it.

12 Comprobando información sobre un vuelo

Agente de Viajes	Agencia de Viajes Turinsa. Buenos días.
Cliente	¿Podría confirmarme la información de mi viaje, por favor?
Agente de Viajes	Sí, señor. ¿Tiene ahí el billete?[1] ¿Quiere darme los pormenores?
Cliente	El número de vuelo es el EA739, a Caracas para el próximo miércoles, que después continúa a Lima al día siguiente.
Agente de Viajes	El vuelo EA739 sale de Heathrow a las once treinta y cinco,[2] y tiene la llegada a Caracas a las quince cero cinco. El vuelo EA417 sale de Caracas a las dieciséis treinta, y llega a Lima a las dieciocho veinte. ¿Es un billete normal?
Cliente	No, es un billete Apex.
Agente de Viajes	Está bien. Debe presentarse en facturación una hora antes de la salida del vuelo.
Cliente	Muchísimas gracias.
Agente de Viajes	De nada.[3]

1 In Latin America the ticket would be referred to as *pasaje* or, possibly, *boleto*.
2 The 24-hour clock is used in Spain, even in speech, when discussing travel arrangements. It is also used in official language.
3 The typical response to thanks; also *no hay de qué*.

13 Booking a flight

Customer	Hello. Sunline Air Services?
Airline clerk	Yes, madam. This is Anthony Lawrence. Can I help you?
Customer	Thank you. My name is Robertson. I'd like to book a direct flight to Antigua. How many times a week do you offer Luxury Class travel on your flights?
Airline clerk	There are departures from London on Monday afternoons and Thursday mornings. In addition, there are flights on other days with different airlines, but our tariffs are very competitive.
Customer	Yes, that's what they told me at the travel agency, but I wanted to check for myself. Could you quote me for two return tickets leaving on Thursday, 7 May?
Airline clerk	Can we first check flight details and then look again at prices?
Customer	Yes, fine. So how does the 7th look?
Airline clerk	There are several pairs of seats still available on the 9.30 departure; for your return journey you can make arrangements at the other end. Shall I pass you over to my colleague, Janet, who can give you more information on prices? Everything else will be dealt with by her, including your personal details, form of payment and delivery of tickets to you.
Customer	Thank you for your help.
Airline clerk	My pleasure. Goodbye.

13 Reservando un vuelo

Clienta	Oiga. ¿Es Aérolíneas Sol?
Empleado	Sí, señora. Aquí Antonio Lara. Dígame.
Clienta	Ah, gracias. Soy la señora Rodríguez. Me gustaría reservar un vuelo a Cuba. ¿Cuántas veces por semana se puede viajar en primera clase en sus vuelos?
Empleado	Hay vuelos desde San Juan todos los lunes en[1] la tarde y los jueves en la mañana. Además, también hay vuelos otros días con otras compañías, pero nuestros precios son muy competitivos.
Clienta	Sí, eso fue lo que me dijeron en la agencia de viajes, pero quería comprobarlo yo misma. ¿Podría darme precio de dos pasajes[2] de ida y vuelta para salir el jueves siete de mayo?
Empleado	¿Podemos comprobar primero la información y después vemos los precios?
Clienta	Sí, bien. ¿Qué le parece el siete?
Empleado	Todavía hay pares de asientos libres para el vuelo de las nueve treinta; para el vuelo de regreso usted puede hacer los trámites una vez allí. ¿Quiere que le ponga con mi colega, Juana? Ella podrá darle más información sobre precios.[3] Pues del resto se encarga ella, incluso lo referente a la información personal de ustedes, la forma de pago y el envío de los pasajes.
Clienta	Muchas gracias por ser tan amable.
Empleado	De nada. Adiós.

1 Latin American usage; in Spain, *por* (*la tarde/mañana*) more normal.
2 In Spain: *billetes*.
3 Alternatives: *tarifas, costos, gastos*.

14 Thanking for hospitality

Joy Viney	Joy Viney.
Rachel Crisp	Hello, Ms Viney. Rachel Crisp here, from Galway plc.
Joy Viney	Hello, Mrs Crisp. Did you have a good flight back?
Rachel Crisp	Yes, very good thanks. I'm ringing to thank you for your hospitality last night. It was a very enjoyable evening, and it was very kind of you to ask us all round – particularly at such short notice!
Joy Viney	I'm pleased you found it enjoyable. It was very interesting for me to meet you all.
Rachel Crisp	It really was kind of you. So thanks once again. If you ever come over here with James, you must visit us.
Joy Viney	Yes, I'll do that. Thanks for ringing.
Rachel Crisp	And thank you. Goodbye.
Joy Viney	Bye.

14 Agradeciendo la hospitalidad brindada

Yolanda Vega	Yolanda Vega. Diga.
Raquel Crespo	Hola, señora Vega. Aquí Raquel Crespo, de Galán S.A.
Yolanda Vega	Hola, Raquel. ¿Qué tal[1] el vuelo de regreso?
Raquel Crespo	Muy bien, gracias. Le llamo para darle las gracias por la hospitalidad que nos brindó anoche. Fue una velada[2] muy agradable, y le agradezco mucho que nos invitara a todos; especialmente con tan poca antelación.
Yolanda Vega	Me complace saber que lo habéis pasado bien. Fue verdaderamente interesante el conoceros a todos.
Raquel Crespo	Usted fue muy amable. Gracias una vez más. Si alguna vez pasa por aquí con Jaime, tiene que venir a visitarnos.
Yolanda Vega	Sí, lo haré. Gracias por llamar.
Raquel Crespo	Gracias a usted. Adiós.
Yolanda Vega	Adiós.

1   The expression *¿Qué tal?* is applicable to objects and events as well as to people. Here Sra Vega is addressed formally by a younger business acquaintance, whom she in turn treats more informally.
2   A social evening.

15 Invitations

(a) Accepting

John Brown

Hello, this is John Brown of International Tool & Die. I am calling to accept your invitation to the lunch in honour of Mr Aspley.

Chamber of Commerce Employee

You are only just in time Mr Brown. I am fixing the final number of guests at 12 noon today.

John Brown

I'm sorry I did not reply sooner and in writing. I have just come back from a business trip. I wouldn't want to miss this occasion.

Chamber of Commerce Employee

A lot of people think highly of our Euro MP. There's going to be a good turnout.

John Brown

I am pleased to hear it. Mr Aspley has certainly helped my business to get into the EC market. Are any bigwigs coming?

Chamber of Commerce Employee

The Lord Mayor is coming and so is the president of the European Parliament. I don't know about our local MPs.

John Brown

Anyway, you've got me on your list?

Chamber of Commerce Employee

Yes, Mr Brown. You are on the list.

15 Invitaciones

(a) Aceptando

Juan Barranco	Oiga. Aquí Juan Barranco de Herramientas Internacional S.A. Llamo para decirle que acepto la invitación al almuerzo en honor del señor Asturias.
Empleado de la Cámara de Comercio	Llama usted en el momento oportuno, señor. Decidiré el número final de invitados hoy al mediodía.
Juan Barranco	Siento no haberle contestado[1] antes por escrito. Acabo de regresar de un viaje de negocios. No quisiera perder esta ocasión.
Empleado de la Cámara de Comercio	Hay mucha gente que sí aprecia a nuestro eurodiputado. Va a haber un gran número de asistentes.
Juan Barranco	Me alegra saberlo. El señor Asturias ha hecho mucho para que mi empresa entrara en el mercado comunitario. ¿Viene algún pez gordo?[2]
Empleado de la Cámara de Comercio	Estará presente el Alcalde, y también el Presidente del Parlamento Europeo. No sé si vendrá algún otro diputado regional.
Juan Barranco	En todo caso, figuro en la lista yo, ¿verdad?
Empleado de la Cámara de Comercio	Sí, señor Barranco, usted figura en ella.

1 Literally, 'I regret not to have replied to you'.
2 Literally, 'fat fish'; cf. colloquial English ('big fish') with slightly different connotations.

(b) Declining

John	Hello, Michael. This is John Gregory from Car Products International. We've organized a trip to the Indycar road race at Long Beach for our most valued clients. It's taking place the last weekend of April. Would you be interested in coming?
Michael	Let me check my diary. I'm sorry, John, but I'm down to go to a company sales convention in Malta that weekend. I'm afraid there's no way I can get out of that.
John	That's a pity. It would have been great to get together again. If you would like to send one of your staff, don't hesitate to let me know.
Michael	Will do. Goodbye.
John	So long.

16   Travel enquiry

(a) Rail

Passenger	Good afternoon. Could you tell me if there is a train out of Seville in the early afternoon going to Madrid?
Booking clerk	Do you mind how long the journey takes?
Passenger	Well, I have to be at a conference in the capital by 6 o'clock in the evening.
Booking clerk	There's a high-speed train which leaves every day at 12 midday. You'll be there by mid-afternoon.
Passenger	That sounds fine. Can I purchase my tickets by phone?
Booking clerk	No, I'm sorry, you have to come and pay in person.
Passenger	I suppose a colleague or my personal assistant couldn't make the purchase for me?
Booking clerk	Yes, sir, of course.
Passenger	Very well. I shall be travelling on Friday of this week and will require two singles. How much is that?
Booking clerk	34.000 pesetas in first class or 21.000 in second.
Passenger	Fine. Thanks for your help.

(b) Rechazando

Juan	Oye,[1] Miguel. Aquí Juan Gárate de Productos Internacionales del Auto. Hemos organizado un viaje a las carreras de Indycar, en Long Beach, para nuestros clientes más estimados. Tendrá lugar el último fin de semana de abril. ¿Te interesa venir?
Miguel	Espera un momento que mire la agenda. Lo siento, Juan. Me he apuntado para asistir a un congreso de ventas en Malta ese fin de semana. No tengo más remedio que ir.
Juan	Es una lástima. Hubiera sido estupendo reunirnos de nuevo. Si quieres que vaya alguien de la plantilla,[2] no dejes de decírmelo.
Miguel	Lo haré. Adiós.
Juan	Adiós.

1 The informal equivalent of *oiga* (listen).
2 Also, 'team', 'workforce'.

16 Pidiendo información

(a) Sobre trenes

Pasajero	Buenas tardes. ¿Puede decirme si hay un tren de Sevilla a Madrid que salga mañana a primeras horas de la tarde?
Empleado	¿Le importa el tiempo que tarda[1] en llegar?
Pasajero	Bueno, tengo que asistir a una conferencia en la capital a las seis de la tarde.
Empleado	Hay un tren diario de alta velocidad[2] que sale a las doce del mediodía. Usted estará allí hacia las tres y media de la tarde.
Pasajero	Me parece bien. ¿Se pueden comprar los billetes por teléfono?
Empleado	Lo siento; tiene que venir a pagar personalmente.
Pasajero	Supongo que un colega o mi ayudante podría comprármelos ¿no?
Empleado	Por supuesto, señor.
Pasajero	Muy bien. Voy a salir de viaje este viernes; pues, quisiera dos billetes de ida. ¿Cuánto cuestan?
Empleado	Son treinta y cuatro mil pesetas en primera clase o veintiún mil en segunda.
Pasajero	Bueno. Gracias a usted.

1 *Tardar*: 'to take (time)', 'delay'.
2 The AVE (Alta Velocidad Española) is Spain's first high-speed train, running between Madrid and Seville.

(b) Ferry

Booking clerk	Speedline Ferries. Can I help you?
Customer	Yes, I'm taking my car over to France next week, from Dover to Calais. Can you give me the times of the crossings?
Booking clerk	Well, they're very frequent. About what time do you want to leave?
Customer	About 8 a.m.
Booking clerk	Well, there's one at 8.45, and another at 10.45.
Customer	Is there an earlier one?
Booking clerk	Yes, but that one goes at 6.
Customer	And what's the return fare?
Booking clerk	Your vehicle and how many passengers?
Customer	Only me.
Booking clerk	The fare is £185.
Customer	That's fine. Can I book by phone using my credit card?
Booking clerk	Certainly sir.
Customer	Thanks for your help. Goodbye.
Booking clerk	Thank you for calling.

(b) Sobre ferrys

Empleado   Ferrys Rápido. Diga.

Pasajero   Quiero ir con coche de Algeciras a Tánger la semana que viene.
¿Podría decirme el horario del ferry?

Empleado   Bueno, son muy frecuentes. ¿A qué hora quiere salir
aproximadamente?

Pasajero   A eso de las ocho de la mañana.

Empleado   Bueno, pues hay uno a las nueve menos cuarto y otro a las once
menos cuarto.

Pasajero   ¿Hay otro más temprano?

Empleado   Sí, pero sale a las seis.

Pasajero   Y, ¿cuánto vale el billete de ida y vuelta?[1]

Empleado   El coche, y ¿cuántos pasajeros?

Pasajero   Sólo yo.

Empleado   El coste[2] es de veintidós mil (22.000) pesetas.

Pasajero   Bueno. ¿Puedo hacer la reserva por teléfono y pagar con tarjeta de
crédito?[3]

Empleado   Sí señor, cómo no.

Pasajero   Gracias. Adiós.

Empleado   Gracias por llamar.

1   Literally, 'of gone and returned'.
2   In Latin America: *costo*.
3   Frequently reduced to *tarjeta* (*de crédito* understood).

17 Arranging delivery of goods

Customer	Hello, Mr James? You wanted me to ring you back.
Supplier	Thanks for calling. I wanted directions to the factory for the delivery of parts that we are making on Monday.
Customer	Ah, right, this will be your first delivery. Well, take the motorway north. Come off at exit 27 and head towards Northam.
Supplier	How do you spell that? N-O-R-T-H-A-M?
Customer	That's it. After five miles take the Eastfield road at a big roundabout.
Supplier	E-A-S-T-F-I-E-L-D?
Customer	Yes. After two miles you meet the ringroad, clearly indicated, at a traffic light. Go straight ahead and go through the next two traffic lights.
Supplier	One roundabout, two miles and three traffic lights …
Customer	At the fourth traffic light you turn left and then second right. This is Alverton Road and our premises are 150 yards down on the left.
Supplier	Thanks very much; our lorry will be there on Monday.

17 Tramitando la entrega de mercancías

Cliente	Oiga, señor Jamones. Usted quería que volviera[1] a llamar.
Abastecedor	Gracias por la llamada. Quisiera que me indicara la dirección de la fábrica donde debemos entregar las piezas el lunes.
Cliente	Ah vale, ésta será la primera entrega ¿no?[2] Entonces, coja la autovía hacia el norte. Después coja la salida veintisiete y diríjase[3] hacia Navarrete.
Abastecedor	¿Cómo se escribe eso? ¿N-A-V-A-R-R-E-T-E?
Cliente	Eso es. Cuando haya recorrido ocho kilómetros, coja la carretera hacia El Castello al llegar a la gran rotonda.
Abastecedor	¿E-L C-A-S-T-E-L-L-O?
Cliente	Sí. Después de unos tres kilómetros de recorrido entre en la circunvalación: está señalizada en el semáforo. Siga todo recto[4] y pase dos semáforos más.
Abastecedor	Una glorieta, tres kilómetros y tres semáforos ...
Cliente	Al llegar al cuarto semáforo, doble a la izquierda y luego es la segunda a la derecha. Esa[5] es la Calle Alarcón; nuestro almacén está a ciento cincuenta metros, bajando la calle, a la izquierda.
Abastecedor	Muchas gracias. Llegará nuestro camión el lunes.

1 Literally, 'You wanted that I should ring again'.
2 Now in frequent use in Spain as an alternative to ¿verdad?, having been typically Latin American in origin.
3 One of nine instances of the *usted* command, used during this conversation; from *dirigirse a* (to head for).
4 In Latin America: *todo derecho*.
5 Literally, 'That one' (street).

Segunda parte
Section II

Cara a cara
Face to face

18 Arriving for an appointment

Receptionist	Good morning, can I help you?
Ms Jones	Good morning, my name is Claire Jones. I have an appointment with Mrs Leslie at 10.
Receptionist	One moment, please. Mrs Leslie's secretary will come down to meet you. Please take a seat.
Ms Jones	Thank you.
Receptionist	Would you like a coffee while you are waiting?
Ms Jones	Yes, thank you.
Receptionist	Please help yourself, the coffee machine and the cups are on your left.

18 Llegada a una cita

Recepcionista   Buenos días, ¿Qué desea?

Srta Germán   Buenos días. Me llamo Clara Germán. Tengo una cita con la señora Ledesma a las diez.

Recepcionista   Un momento, por favor. La secretaria de la señora Ledesma bajará a verla. Siéntese,[1] por favor.

Srta Germán   Gracias.

Recepcionista   ¿Quiere tomar un café mientras espera?

Srta Germán   Sí, gracias.

Recepcionista   Sírvase usted misma,[2] la máquina y las tazas están a la izquierda.

1   The standard way of inviting a visitor (formal) to sit down.
2   Literally, 'Serve yourself'.

19 Arranging further contacts with a company

Mr Calder	Thank you very much for your help this morning, Mr Wallace. I think we've made a lot of progress on the matter of financing the deal.
Mr Wallace	Yes, I agree. It's been useful to clear the air in view of the initial difficulties we experienced. Presumably, this will not be our last meeting as we must await the final decision and then act quickly.
Mr Calder	Indeed. Do you know when that will be?
Mr Wallace	I've been promised an answer by the end of June, so if we say early July there will still be a couple of weeks before we close for the summer vacation.
Mr Calder	Fine. How about Monday the 3rd?
Mr Wallace	I can't make the morning, but I shall be free all afternoon. More importantly, the main people involved will be able to work on the final proposals that week. If we need to develop our plans further, bringing in other companies or arranging further contacts, there should be time enough to do that.
Mr Calder	So, shall we say 2 p.m. here? In the meantime we can still explore the possibilities or value of involving other parties both within and outside our companies.
Mr Wallace	Very well. I'll get that organized. I'll give you a ring by the 14th to confirm everything we might know by then.
Mr Calder	Right. Thanks again. . . . Can I get to the carpark by going straight down in the elevator?
Mr Wallace	Yes. First floor, first door on the left. See you in July if not before.

19 Tramitando más contactos con una empresa

Sr Caldas   Muchas gracias por ayudarme esta mañana, señor Velasco. Pienso que hemos hecho muchos progresos en lo que se refiere a[1] la financiación del proyecto.

Sr Velasco   Sí, estoy de acuerdo. Ha sido útil aclarar la situación en vista de las dificultades que se nos planteaban[2] al principio. Probablemente ésta no sea la última reunión, ya que tenemos que esperar a que se tome la decisión definitiva para luego actuar con rapidez.

Sr Caldas   Por supuesto. ¿Sabe usted cuándo será?

Sr Velasco   Han prometido darme respuesta para finales de junio, así que si decimos que será a primeros de julio nos quedarán dos semanas antes de que cerremos por vacaciones.

Sr Caldas   Bueno. ¿Qué le parece para el lunes día tres?

Sr Velasco   Por la mañana no puedo, pero estaré libre toda la tarde. Aun más importante es que los principales participantes podrán trabajar en las propuestas finales esa semana. Si tenemos que desarrollar más nuestros planes, introduciendo otras empresas o haciéndonos con otros contactos, tendremos tiempo suficiente para ello.

Sr Caldas   Entonces, ¿quedamos[3] aquí para las dos? Entretanto podemos todavía explorar las posibilidades o el valor de participación de terceros,[4] bien sean de dentro o de fuera de nuestras empresas.

Sr Velasco   Muy bien. Lo organizaré. Le llamaré por teléfono antes del catorce y le confirmaré lo que se sepa entonces.

Sr Caldas   Bien. Gracias de nuevo. ¿Se puede llegar al aparcamiento[5] bajando en el ascensor?

Sr Velasco   Sí. Planta baja, primera puerta a la izquierda. Le veré en julio si no es antes.

1 Literally, 'in that which refers to'; a standard expression.
2 *Plantear* (*problemas, dificultades*): 'to pose', 'present'.
3 Literally, 'we remain'; meaning 'we agree on . . .'.
4 Literally, 'thirds'.
5 Also *el parking*; in Latin America, *el estacionamiento*.

20 Presenting a proposal

Helen	Morning John. Do come in and take a seat.
John	Morning Helen. Thanks.
Helen	You wanted to see me about our new product launch?
John	Yes, I think we should try to bring it forward to December.
Helen	That might be a bit tight. Any particular reason?
John	Well, we'd catch the important Christmas business, and we'd be ahead of the opposition.
Helen	I'm not sure that our production people could handle it.
John	Not a major problem. Our plant in Wellington can take on more of the production. We have spare capacity there.
Helen	Have you discussed this with your people there?
John	Yes, and they're convinced they can deal with it.
Helen	We can't risk any slip-up on this – the launch is very important. And what about the advertising schedule?
John	That's OK. The advertising copy is virtually ready. The ads could be pulled forward to December.
Helen	Look, there's some advantage in doing this, but I'll have to check it with the board first. There's a meeting tomorrow at 2. Can you make it?
John	I've got one or two things on, but I can reshuffle them.
Helen	Fine. Look, I've another meeting now, but I'll catch up with you later.
John	OK. See you later.

20 Presentando una propuesta

Elena	Buenos días, Miguel. Pasa y siéntate.[1]
Miguel	Buenos días, Elena. Gracias.
Elena	Quieres hablar conmigo sobre el lanzamiento de nuestro nuevo producto ¿verdad?
Miguel	Sí, creo que lo deberíamos adelantar para diciembre.
Elena	Vamos a andar cortos de[2] tiempo. ¿Por qué, entonces?
Miguel	Bueno, podríamos captar el importante negocio navideño, e ir por delante de los competidores.
Elena	No estoy segura de que los que están a cargo de la producción puedan tenerlo listo.
Miguel	No es un gran problema. Nuestra fábrica en Burgos puede encargarse de más producción. Allí tenemos capacidad de sobra.
Elena	¿Lo has hablado con los de allí?
Miguel	Sí, y están seguros de poder hacerle frente.
Elena	No podemos arriesgar a equivocarnos en esto ... El lanzamiento es muy importante. ¿Y qué me dices del programa publicitario?
Miguel	Está bien. La redacción publicitaria está casi terminada. Los anuncios podrían adelantarse a diciembre.
Elena	Mira, hay alguna ventaja en hacerlo para entonces, pero antes tengo que comprobarlo[3] con la junta de administración.[4] Mañana hay reunión a las dos. ¿Vas a ir?
Miguel	Tengo algunas cosas por hacer, pero puedo reorganizarme.
Elena	Bien. Mira, ahora tengo otra reunión, pero te veo más tarde.
Miguel	Bueno. Hasta luego.

1 The standard informal invitation to sit down.
2 Literally, 'to walk'/'go short of'.
3 *Lo* refers to the matter of earlier publicity.
4 Alternatives: *consejo de administración, junta directiva.*

21 Exploring business collaboration

Visitor	Pleased to meet you, Mr Mendoza, and thank you for arranging my hotel.
Local Businessman	The pleasure is mine, Mr Sanders. I understand that you want to discuss possible joint ventures with us.
Visitor	Yes, we are both in building and civil engineering. We want to expand into Europe, and you might find it beneficial to have us as partners.
Local Businessman	It's a pity we didn't have these discussions three months ago; we recently wanted to bid for a stretch of motorway in this region but we did not quite have the resources.
Visitor	Was there no local company you could combine with?
Local Businessman	Unfortunately we are the only firm in the region with the necessary expertise. We would have been good partners – we've made a study of your past projects.
Visitor	And we have studied yours, of course. We were thinking of the proposed port development just down the road.
Local Businessman	You are really on the ball, Mr Sanders. We have just received the detailed specifications and were contemplating a tender.
Visitor	And I have the spec in English in my briefcase! Shall we roll our sleeves up and work out a joint tender?

21 Explorando colaboración comercial

Visitante inglés	Encantado de conocerle,[1] señor Mendoza, y le quedo muy agradecido por organizarme lo del[2] hotel.
Hombre de negocios	Es un placer, señor Sanders. Tengo entendido que usted quiere hablar sobre posibles empresas conjuntas con nosotros.
Visitante inglés	Sí, nuestras dos empresas se dedican a la construcción y a la ingeniería civil. Queremos introducirnos al mercado europeo, y tal vez podamos beneficiarnos mutuamente si nos asociamos.
Hombre de negocios	Es una lástima que no tratáramos de este asunto hace tres meses, pues hace poco quisimos presentar una oferta para un tramo de autovía en esta región, pero apenas nos quedaban los recursos necesarios.
Visitante inglés	¿No había ninguna otra empresa con la que asociarse?
Hombre de negocios	Por desgracia somos la única empresa experta de esta zona. Hubiéramos sido buenos socios: hemos llevado a cabo[3] un estudio de sus proyectos anteriores.
Visitante inglés	Y nosotros de los suyos, por supuesto. Teníamos en mente[4] el proyecto portuario que propusieron a poca distancia de aquí.
Hombre de negocios	A usted no se le escapa ni una,[5] señor Sanders. Acabamos de recibir las especificaciones detalladas; estábamos pensando presentarnos a la licitación.
Visitante inglés	¡Y en mi maletín las tengo en inglés! ¿Nos ponemos de mangas y preparamos una oferta conjunta?

1 A conventional mode of greeting, both formal and informal.
2 *Lo de*: 'the matter of'. The neuter pronoun embraces certain prior information or understood surrounding circumstances.
3 Literally, 'we have brought to an end' (i.e. carried out).
4 Literally, 'We had in mind'.
5 Literally, 'Not one escapes you ...'.

22 At the travel agent's

(a) Enquiry/booking

Customer   Could you give me details of flights to Wellington, New Zealand, please?

Assistant   When do you wish to fly?

Customer   The first week of June.

Assistant   Let me see. Which day do you want to depart?

Customer   Tuesday, if possible.

Assistant   There's a flight leaving Sydney at 8 a.m. which gets into Wellington at 1 p.m. Do you want to make a booking?

Customer   How much is the flight?

Assistant   It's 725 Australian dollars return.

Customer   OK. Go ahead.

(b) Changing a booking

Customer   I'd like to change a flight reservation for Mr David Street.

Assistant   Could you give me the flight details?

Customer   BY567 to Rome on 21st March. Would it be possible to change it to 23rd March?

Assistant   I'll just check. That's OK. The flight's at the same time. I'll issue a new ticket and send it to you later today.

Customer   Thank you.

22 En la agencia de viajes

(a) Información/reserva

Cliente   Por favor, ¿podría darme información sobre vuelos a Santiago?

Empleada   ¿Cuándo quiere viajar?

Cliente   La primera semana de junio.

Empleada   Voy a mirar. ¿Qué día prefiere salir?

Cliente   A ser posible, el martes.

Empleada   Hay un vuelo que sale de Miami a las ocho[1] de la mañana y que llega a Santiago a la una de la tarde. ¿Se[2] lo reservo?

Cliente   ¿Cuánto es?

Empleada   Setecientos veinticinco dólares americanos (US$725) ida y vuelta.

Cliente   Bueno. Resérvemelo.[3]

1 24-hour clock references are equally likely in this context.
2 *Se* for *le*: you (*usted*). When two pronouns beginning with the letter 'l' follow each other, the former (indirect) changes to *se*.
3 In affirmative commands the pronouns are attached to the end of the verb (NB they precede negative commands).

(b) Cambiando una reserva

Cliente   Me gustaría cambiar la reservación[1] del vuelo del señor David Calles.

Empleado   ¿Quiere darme la información del vuelo?

Cliente   Vuelo AV567 a San José para el veintiuno de marzo. ¿Podría cambiarlo por el veintitrés de marzo?

Empleado   Voy a mirar. Sí, vale. El vuelo es a la misma hora. Le expediré otro pasaje[2] y se lo mando[3] hoy más tarde.

Cliente   Gracias.

1 Latin American usage.
2 Latin American term; in Spain, *billete*.
3 Present tense used to express future in conversation.

(c) Flight cancellation

Customer	I'm ringing on behalf of Mrs Mary Thomas. She was due to fly to Cape Town next Thursday, but she has unfortunately fallen ill.
Assistant	I see.
Customer	Can she get her money back?
Assistant	How did she pay?
Customer	By cheque, I think.
Assistant	If she took out travel insurance she will be able to get her money back, if her doctor signs a certificate.
Customer	I'd better ask her if she took out any insurance and then I'll get back to you.

23   Checking in at the airport

Assistant	Good evening, sir. Can I have your ticket and passport?
Passenger	Certainly.
Assistant	Are you travelling alone?
Passenger	Yes, that's right.
Assistant	How many items of luggage are you checking in?
Passenger	Just this case.
Assistant	Can you put it on the belt, please? Did you pack it yourself?
Passenger	Yes.
Assistant	Are there any electrical items in it?
Passenger	No, they're in my hand baggage.
Assistant	What are they?
Passenger	An electric shaver and a lap-top computer.
Assistant	That's fine. Smoking or non-smoking?
Passenger	Non-smoking, please.

(c) Anulando un vuelo

Clienta	Llamo de parte de la señora María Tomás. Iba a salir en avión hacia Asunción el jueves próximo, pero por desgracia ha caído enferma.
Empleada	¡Vaya![1]
Clienta	¿Podrían devolverle el dinero?
Empleada	¿Cómo efectuó el pago?
Clienta	Creo que con cheque.
Empleada	Si sacó seguro de viaje, le devolverán el dinero si su médico firma un certificado.
Clienta	Será mejor que le pregunte si sacó algún seguro y después le[2] volveré a llamar.

1 A multipurpose term, here implying surprise/sympathy: 'Oh dear!'
2 In this case *le* refers to the speaker, not the sick passenger.

23 En la facturación de equipajes: aeropuerto

Empleado	Buenos tardes, señor. ¿Quiere darme su billete y el pasaporte?
Viajero	Cómo no.
Empleado	¿Viaja solo?
Viajero	Sí, eso es.
Empleado	¿Cuánto equipaje va a facturar?
Viajero	Sólo esta maleta.
Empleado	Póngala en la cinta, por favor. ¿Hizo[1] usted la maleta?
Viajero	Sí.
Empleado	¿Lleva en ella algún aparato eléctrico?
Viajero	No, los llevo en la bolsa.
Empleado	¿Qué son?
Viajero	Una maquinilla de afeitar y un ordenador portátil.[2]
Empleado	Está bien. ¿Fumadores o no fumadores?
Viajero	No fumadores, por favor.

1 *Hacer la maleta*: to pack a suitcase.
2 In Latin America: *computador portátil*.

24 Checking in at a hotel

Receptionist   Good afternoon, madam.

Guest   Good afternoon. I have a reservation in the name of Battersby.

Receptionist   A single room for two nights?

Guest   Wasn't that changed to a double room? My husband is due to join me later this evening.

Receptionist   I'll just check. Oh, yes, there is a note to that effect. Will you be having dinner here at the hotel?

Guest   Yes, dinner for one. Can I also order an early call tomorrow morning and can I have a newspaper?

Receptionist   At 6 o'clock, 6.30?

Guest   That's too early. Let's say 7 o'clock. And could we have a copy of *The Times*?

Receptionist   I am sorry but we will not have the London *Times* until tomorrow afternoon. Would you like the *Herald Tribune* or perhaps a Spanish newspaper?

Guest   No, thank you. I'll leave it. Can you call me a taxi for half an hour from now? And what time is dinner by the way?

24 Inscribiéndose en el hotel

Recepcionista	Buenas tardes, señora.
Clienta	Buenas. Tengo hecha una reserva a nombre de Berral.
Recepcionista	¿Una individual[1] para dos noches?
Clienta	¿No la cambiaron por una doble? Mi marido se reunirá conmigo más tarde esta noche.
Recepcionista	Voy a comprobarlo. Ah, sí, hay un aviso aquí a ese respecto. ¿Van a cenar aquí en el hotel?
Clienta	Sí, cena para una persona. ¿Podrían despertarme pronto mañana, y subirme un periódico?
Recepcionista	¿A las seis, a las seis y media?
Clienta	Eso es demasiado temprano. Digamos que a las siete. ¿Y nos podrían subir un ejemplar del *Times*?
Recepcionista	Lo siento, pero el London *Times* no nos llegará hasta mañana por la tarde. ¿Le gustaría el *Herald Tribune* o tal vez un periódico español?
Clienta	No, gracias. Déjelo.[2] ¿Podría llamarme un taxi para dentro de media hora? Y, a propósito, ¿a qué hora se cena?

1   *Una* (*habitación*) *individual*.
2   *Lo* can refer to the paper or, more likely, to the matter of a paper being supplied.

25 Checking out of a hotel

Guest	I would like to check out now.
Receptionist	Certainly, sir. What is your room number?
Guest	324.
Receptionist	Mr Lawrence? Did you make any phone calls this morning? Have you used the mini-bar?
Guest	No, I haven't made any calls since yesterday evening. Here is my mini-bar slip.
Receptionist	Thank you. Would you be so kind as to fill in the hotel questionnaire while I total your bill? How do you wish to pay?
Guest	By credit card.
Receptionist	Fine. I'll just be a minute. There you are, Mr Lawrence. Thank you very much.

25 Pagando la cuenta y marchándose del hotel

Cliente	Quisiera pagar ahora e irme.
Recepcionista	Vale, señor. ¿En qué habitación está?
Cliente	En la tres dos cuatro (324).[1]
Recepcionista	Señor Lawrence, ¿hizo usted alguna llamada esta mañana? ¿Tomó algo del minibar?
Cliente	No. No he llamado por teléfono desde la tarde[2] de ayer. Aquí tiene la tarjeta del minibar.
Recepcionista	Gracias. ¿Sería tan amable de rellenar este cuestionario del hotel mientras le preparo la cuenta? ¿Cómo va a pagar?
Cliente	Con tarjeta de crédito.
Recepcionista	Bien. Un momentito, por favor. Aquí tiene, señor Lawrence. Muchas gracias.

1 The number could also be given as: *trescientos veinticuatro*.
2 *Tarde*: no clear distinction is made in Spanish between afternoon and evening, except by reference to the time.

26 Ordering a meal

Waitress	Good afternoon, madam. Would you like the menu?
Customer 1	Yes, thank you. And may we have a dry white wine and a pint of lager whilst we are choosing our meal?
Waitress	Certainly. Here is the menu; we also have a chef's special set meal at 15 dollars.

* * *

Customer 1	Would you like to have a look first?
Customer 2	No: I'll have what you recommend as you know the local cuisine far better than I do. But I'm looking forward to my lager.
Customer 1	Fine. Here come the drinks, anyway. May we have two hors d'oeuvres? Then for the first course two pepper steaks with vegetables and roast potatoes. I think we'll also have a bottle of house red with the steak.
Waitress	A bottle of red, two hors d'oeuvres and two pepper steaks; how would you like the steaks cooked?
Customer 2	Well done for me, please.
Customer 1	Medium for me.

* * *

Waitress	Have you enjoyed your meal?
Customer 1	Yes, it was fine, thank you. I think we'll skip the sweet as we are running a bit late. Just two black coffees and the bill, please.

* * *

Waitress	Your coffee and the bill, madam. Could you pay the head waiter at the till when you leave?
Customer 1	Of course. And this is to thank you for having looked after us so well.
Waitress	Thank you, madam. I'm glad you enjoyed your meal.

26 Pidiendo una comida

Camarera	Buenas tardes, señora.[1] ¿Quiere el menú?
Clienta 1	Sí, gracias. ¿Y quiere traernos[2] un blanco seco y una jarra de cerveza mientras seleccionamos la comida?
Camarera	Por supuesto. Aquí tiene el menú; también tenemos el menú especial, a quince (15) dólares, recomendado por el jefe de cocina.

* * *

Clienta 1	¿Quieres mirar tú primero?
Cliente 2	No. Yo voy a tomar lo que tú recomiendes puesto que conoces la cocina local mejor que yo. Sin embargo, estoy deseando tomarme[3] la cerveza.
Clienta 1	Bueno. Aquí nos traen las bebidas. ¿Puede traernos dos entremeses? De primero, dos filetes a la pimienta con verduras mixtas y patatas salteadas. Creo que también nos vamos a tomar una botella de tinto de la casa con el filete.
Camarera	Una botella de tinto, dos entremeses y dos filetes a la pimienta. ¿Cómo quieren los filetes?
Cliente 2	Para mí, bien pasado.
Clienta 1	Medianamente pasado para mí.

* * *

Camarera	¿Les ha gustado la comida?
Clienta 1	Sí, estaba buena, gracias. Creo que vamos a pasar del postre ya que se nos está haciendo[4] algo tarde. Sólo dos solos[5] y la cuenta, por favor.

* * *

Camarera	Señora, su café y la cuenta. Por favor, al salir, ¿quiere pagar en caja al camarero jefe?
Clienta 1	Por supuesto. Con esto quiero darle las gracias por habernos atendido tan bien.
Camarera	Gracias a usted, señora. Me es grato saber que les ha gustado la comida.

1 If the customer had called the waitress she might have used the command *¡Oiga!*; in Spain this is not regarded as brusque, though many might also adopt the practice of addressing the waiter/waitress as *¡Señor!/¡Señorita!* The latter approach is more normal in Latin America, whilst in Chile and Argentina *¡Garzón!* is often used.
2 *¿Quiere traer . . . ?* is a standard mode of requesting food and drink in a restaurant.
3 Reflexive (*me*) to emphasize his thirst. Here the speaker uses the verb *tomar* in reference to drinking only, which is normal in Latin America; in Spain the verb is applicable to both eating and drinking, whilst in Latin America *comer* is only used to refer to eating.
4 Literally, 'it is making itself a bit late to us'.
5 *Cafés* is understood. In Latin America black coffee is called *tinto* (not to be confused with red wine in Spain).

27 Verifying a bill

Waiter	Yes, sir? Did you enjoy your meal?
Customer	Yes, but can I check the bill with you?
Waiter	Certainly – is there a problem?
Customer	I think there might be a mistake – we had four set menus at £15 a head and also the aperitifs and the wine.
Waiter	Yes?
Customer	But what's this item here?
Waiter	Four whiskies, sir. £10.
Customer	But we didn't have any!
Waiter	Just a moment, sir, I'll go and check it. . . . Sorry, my mistake. I'll get you an amended bill at once.
Customer	Thank you.

27 Comprobando una cuenta

Camarero	Diga, señor. ¿Le gustó la comida?
Cliente	Sí, pero ¿podría comprobar la cuenta con usted?
Camarero	Claro. ¿Hay algún problema?
Cliente	Creo que hay un error: eran cuatro menús a tres mil (3.000) pesetas, junto con los aperitivos y el vino.
Camarero	Sí.
Cliente	Pero, esto ¿qué es?
Camarero	Cuatro whiskis, señor. Dos mil (2.000) pesetas.
Cliente	¡Pero si no tomamos ninguno![1]
Camarero	Un momentito, por favor, que voy a comprobarlo ... Perdone, es culpa mía.[2] Ahora mismo le rectifico la cuenta.
Cliente	Gracias.

1 Literally, 'But if we didn't have any!'
2 Literally, 'it's my fault'.

28 Drawing up a schedule of visits for reps

Senior representative	Thanks for coming to this meeting. I thought it would be useful to discuss the areas we will be visiting in the autumn quarter.
Representative 2	Conveniently enough the schedule of leads and follow-up visits shows a roughly equal split between the northwest, northeast and southwest regions.
Representative 3	We need to consider what to do about the lack of interest in our products in the southeast.
Senior representative	There is also a scattering of trade fairs that one or other of us should attend, including one in Marseilles in mid-September.
Representative 2	Perhaps we should all be there to work out a strategy for the southeast. And we could all be at the Paris Salon des Arts Ménagers in early November.
Representative 3	Good idea. I have some contacts that might help. Shall we proceed as originally suggested? Me in Bordeaux, George in Lille and Alf in Strasbourg?
Senior representative	That all seems OK. Are you happy, Alf? Apart from the Marseilles and Paris fairs we can each plan our own regional fairs individually.
Representative 2	I am happy with that. Same budget as last year?
Senior representative	I am glad you asked. The operating budget has been increased by a meagre 5 per cent. Any requests for increased staffing need to be justified by increased business.
Representative 3	So what else is new? Let's get those dates in our diaries.

28 Preparando un programa de visitas para los representantes

Representante de categoría superior	Gracias por asistir a esta reunión. Pensé que sería útil tratar de las zonas que vamos a visitar en el trimestre del otoño.
Representante 2	Se da la casualidad de que[1] el programa de primeras y consecuentes visitas está dividido equitativamente entre las regiones del noroeste, las del nordeste y las del sudoeste.
Representante 3	Tenemos que pensar en lo que hay que hacer acerca de la falta de interés por nuestros productos en el sureste.
Representante de categoría superior	Además hay toda una serie de ferias de muestras a las que alguno de nosotros debería asistir, incluyendo una que se celebra en Marsella a mediados de setiembre.
Representante 2	Tal vez debiéramos asistir todos, y preparar una estrategia para ponerla en marcha en el sureste. Y de esta manera podríamos ir todos a la Exposición Menaje Hogar de París a principios de noviembre.
Representante 3	Buena idea. Tengo algunos contactos que podrían ser útiles. ¿Vamos a actuar según lo sugerido?[2] ¿Yo en Burdeos, Jorge en Lille y Alfredo en Estrasburgo?
Representante de categoría superior	Todo eso parece razonable. Alfredo ¿qué te parece? Además de las ferias de Marsella y París, cada uno de nosotros podemos programar nuestras respectivas ferias regionales por separado.
Representante 2	Estoy de acuerdo con eso. ¿Con el mismo presupuesto que el año pasado?
Representante de categoría superior	Me alegro que lo hayas preguntado. El presupuesto de explotación[3] lo han incrementado un escaso cinco por ciento. Cualquier petición de aumento de personal debe de justificarse con el incremento del negocio.
Representante 3	Entonces, ¿hay alguna novedad?[4] Anotemos esas fechas en nuestras respectivas agendas.

1 Literally, 'The chance gives itself that . . . '
2 'Originally' from the English version is conveyed by the use of *lo* + past participle here.
3 In Latin America: *costos de operación*.
4 Literally, 'Is there any novelty?'; obvious irony intended.

29 Conducted visit of a department

Guide	Before I show you round the department, come and meet my deputy, Frederick Fallon.
Miss Lomas	Pleased to meet you, Mr Fallon.
Frederick Fallon	Welcome to the department, Miss Lomas.
Guide	Frederick is responsible for the day-to-day running of the department. I'll take you round now. This is the general office, with Mrs Conway looking after reception and PC operators.
Miss Lomas	How many secretaries work for Mrs Conway?
Guide	Normally five. One is currently on sick leave and one on holiday. . . . This is the overseas sales office. They have their own fax machines and deal directly with our agents in Europe. . . . And this is the design section. Most of their work is now done by CAD/CAM. They've got some of the most sophisticated computer equipment in the company. David, can I introduce Miss Lomas.
David Carter	Pleased to meet you, Miss Lomas.
Guide	David has four designers working for him. And finally, this is Ted Stolzfuss, who is over here from our American parent company. Ted, meet Miss Lomas. Ted is with us to look at the way we operate in Europe.

29 Visita dirigida a un departamento

Gerente	Antes de enseñarle el departamento, venga que quiero presentarle a mi suplente,[1] Federico Fente.
Srta Lozano	Mucho gusto, señor Fente.
Federico Fente	Bienvenida al departamento, señorita Lozano.
Gerente	Federico es responsable de la gestión cotidiana del departamento. Ahora le llevaré a enseñárselo. Esta es la oficina general, con la señora Costa, encargada de recepción y mecanografía.
Srta Lozano	¿Cuántas secretarias trabajan para la señora Costa?
Gerente	Por regla general, cinco. Una de ellas está ausente por enfermedad y otra por vacaciones. . . . Esta es la oficina de ventas al extranjero.[2] Tienen sus propias máquinas fax, y hacemos todas las transacciones directamente con nuestros agentes europeos. . . . Y ésta es la sección de diseño. La mayor parte del trabajo se lleva a cabo con el CAD/CAM. El material de ordenadores que tenemos aquí es de lo más actualizado de la empresa. David, te presento a la señorita Lozano.
David Castro	Encantado, señorita Lozano.
Gerente	David está al frente de[3] cuatro diseñadores que trabajan para él. Por último, éste es Ted Stolzfuss: viene de nuestra empresa matriz de los Estados Unidos. Ted, te presento a la señorita Lozano. Ted está con nosotros para estudiar cómo dirigimos la empresa en Europa.

1 Also *subdirector, director adjunto*.
2 Note that *al extranjero* implies movement **to** foreign countries, whilst *en el extranjero* refers to location **in** them.
3 Literally, 'is at the front of'.

30 Informal job interview

Personnel manager	Good morning, Ms Jiménez, and welcome. I hope you had no trouble getting here.
Gloria Jiménez	Good morning. Thank you, it was nice of you to invite me in for a chat.
Personnel manager	First, let me introduce you to Pepe Romero, who is in charge of advertising. As you can see, he's always snowed under with work, eh Pepe? Gloria Jiménez, Pepe Romero.
Pepe Romero	Pleased to meet you. Don't take her too seriously, Gloria, you'll see for yourself when you start next week.
Gloria Jiménez	How many staff do you have in this department?
Pepe Romero	Seven of them are fulltimers and a couple of others are freelance and help out when we have special projects on.
Gloria Jiménez	It looks a friendly set-up, anyway.
Personnel manager	Yes, you're right. They are one of our most efficient and successful departments. Would you like to meet Fernando, with whom you will be working most closely? He is our art director.
Gloria Jiménez	Fine. Has he been with the company for a long time?
Personnel manager	No, he was brought in recently when the company merged. Oh, it looks as if he's in a meeting, so we'll wait here and talk a bit more about you. How did you get into commercial design?
Gloria Jiménez	When I finished university I realized that there were good prospects for young people with ideas in the field of design and advertising, so I took a course in Seville not long before the World Fair was awarded to the city.
Personnel manager	Did you actually work on the project?
Gloria Jiménez	Yes, my first job was with a Japanese agency that was promoting its high-tech industries, and I carried on until the Fair closed.
Personnel manager	That sounds just the sort of experience we are looking for. Ah, here comes Fernando...

30 Entrevista a un puesto de trabajo: informal

Directora de Personal	Buenos días, señora Jiménez, y bienvenida. Espero que no haya tenido inconveniente en acercarse hasta aquí.
Gloria Jiménez	Buenos días. Gracias por invitarme a venir a hablar con usted.
Directora de Personal	En primer lugar, le presento a Pepe Romero, que está encargado de la publicidad. Como podrá observar, está siempre atiborrado de trabajo, ¿verdad, Pepe? Gloria Jiménez, Pepe Romero.
Pepe Romero	Mucho gusto.[1] No la tome demasiado en serio, Gloria; ya verá cuando empiece a trabajar la semana que viene.
Gloria Jiménez	¿Cuántos empleados trabajan en este departamento?
Pepe Romero	Siete de ellos están fijos, y otros dos que trabajan por cuenta propia[2] y que nos ayudan cuando tenemos un proyecto especial.
Gloria Jiménez	De todos modos, parece que hay buen ambiente.
Directora de Personal	Sí, es verdad. Forman parte de uno de los departamentos más eficientes y exitosos de nuestra empresa. ¿Le gustaría conocer a Fernando, con quien va a estar más ligada[3] en el trabajo? Es nuestro director de diseño.
Gloria Jiménez	Bueno. ¿Hace mucho que trabaja para esta empresa?
Directora de Personal	No, entró cuando se fusionó la empresa. Ah, me parece que está en una reunión, así que vamos a quedarnos aquí y hablar algo más acerca de usted. ¿Cómo es que escogió diseño comercial?
Gloria Jiménez	Cuando terminé la carrera me di cuenta de que había buenas perspectivas para los jóvenes que tienen imaginación en el campo del diseño y de la publicidad, y así hice un curso en Sevilla poco antes de que la nominaran ciudad en la que se iba a celebrar la Exposición Universal.
Directora de Personal	¿Trabajó usted en el proyecto?
Gloria Jiménez	Sí. Mi primer trabajo lo[4] hice para una agencia japonesa que promocionaba industrias de alta tecnología, y seguí allí hasta que la Feria finalizó.
Directora de Personal	Ese tipo de experiencia es precisamente lo que buscamos. Ah, ahí viene Fernando . . .

1 A standard response on being introduced.
2 Literally, 'by their own account'.
3 Literally, 'linked'.
4 *Lo* refers directly back to '*trabajo*'; such repetition by means of the pronoun is characteristic of Spanish usage.

31 Formal job interview

Part 1

Personnel officer	Do come in, Ms Martin, and take a seat.
Ms Martin	Thank you.
Personnel officer	Well, if I can make a start, can you tell us why you want this particular post?
Ms Martin	As I said in my application, I'm working with quite a small company at the moment. My promotion prospects are limited because of that.
Personnel officer	So that is your main reason?
Ms Martin	Not just that. I've been with the company for five years now, and although I found the work interesting at first, I now feel that I want a more varied post which is more challenging.
Personnel officer	And you feel that you'll find that here?
Ms Martin	Yes, I think so. You're a big company in the process of expansion, and the department I'd be working in would give me much more variety.
Personnel officer	Do you think that moving from a small department to a much larger one would be a problem?
Ms Martin	It would be rather new at first, but I worked with a big company before my present job, and I do integrate well. I'm confident that I can make the change.

31 Entrevista formal

Primera parte

Jefa de Personal	Adelante,[1] señorita Martínez, y siéntese.
Srta Martínez	Gracias.
Jefa de Personal	Bueno. Para empezar ¿podría decirnos por qué ha solicitado este puesto?
Srta Martínez	Como dije en mi solicitud, en la actualidad trabajo para una empresa bastante pequeña. Por eso, las perspectivas de ascenso son limitadas.
Jefa de Personal	Entonces, ¿es ésa la principal razón?
Srta Martínez	Esa no es la única. Llevo con la empresa desde hace cinco años y, aunque al principio el trabajo era interesante, ahora me gustaría obtener un puesto más variado y estimulante.
Jefa de Personal	¿Y le parece que lo encontrará con nosotros?
Srta Martínez	Así lo creo.[2] Ustedes son una empresa en expansión, y el departamento en el que trabajaría ofrecería mucha más variedad.
Jefa de Personal	¿Piensa que será problemático cambiar de un departamento pequeño a otro mucho más grande?
Srta Martínez	Al principio sería bastante nuevo, pero antes de trabajar para la empresa actual trabajaba en una grande; además, me integro bien en mi trabajo. Estoy segura de que podré ajustarme al cambio.

1 Used when inviting somebody to come forward; hence also 'come in'.
2 Literally, 'Thus I believe it'.

Part 2

Director	As you know, we're a multinational organization, and that means that one of the things we're looking for in this post is a competence in languages.
Ms Martin	Yes, well, as you'll see from my CV, I studied German and Spanish at school, and I've lived and worked in France for several years.
Director	How would you describe your language competence?
Ms Martin	My French is fluent, and I can still remember the basics in German and Spanish.
Director	What if we were to ask you to take further language training?
Ms Martin	I'd welcome that. I feel that it's important to get them to as high a level as possible.
Director	Fine. On another issue: if we were to offer you the post, when could you take it up?
Ms Martin	In two months. I'm working on a project in my current post, and I'd like to see that through first. Would that be a problem?
Director	I don't think so, but I'd have to check with the department before confirming, of course. Well now, are there any questions you want to ask us?
Ms Martin	Just two: you mention your management training programme in your particulars. Can you tell me more about it?
Director	Yes, we expect all our middle managers to try to reach their full potential through self-development. We help them in that by running a series of in-house residential training courses.
Ms Martin	How often is that?
Director	Three or four times a year, and we expect everyone to attend them, as far as possible.
Ms Martin	That's fine. One other question, if I may?
Director	Certainly.
Ms Martin	When will I hear if I've got the post?
Director	We'll be contacting the successful candidate by phone this evening, and we'll be writing to the others.
Ms Martin	Thanks very much.
Director	Well, thank you for coming to interview, Ms Martin. Goodbye.
Ms Martin	Goodbye.

Segunda parte

Director adjunto	Como usted sabe, formamos parte de una organización multinacional, lo que implica que una de las cosas que buscamos en este puesto de trabajo es ser competente en lenguas.
Srta Martínez	Sí, bien; como se observa de mi currículum,[1] estudié alemán y francés en el instituto, y he vivido y trabajado en Italia durante varios años.
Director adjunto	¿Cómo definiría su competencia lingüística?
Srta Martínez	Domino el italiano y todavía recuerdo lo básico del alemán y del francés.
Director adjunto	¿Y si fuéramos a pedir que se volviera a dedicar al estudio de las lenguas?
Srta Martínez	Eso me gustaría mucho. Pienso que es importante elevar el nivel cuanto más mejor.
Director adjunto	Bueno. Otro asunto. Si le ofreciéramos este puesto ¿cuándo estaría dispuesta a incorporarse?
Srta Martínez	Dentro de dos meses. En mi puesto actual estoy trabajando en un proyecto que primero quisiera dar por terminado. ¿Eso sería problemático?
Director adjunto	Creo que no, pero por supuesto que primero tendría que consultarlo[2] con el departamento. Bueno, pues ahora ¿tiene algo que preguntarnos?
Srta Martínez	Sólo dos cosas. En su folleto con los detalles hace mención al programa de formación administrativa. ¿Puede darme información más amplia a este respecto?
Director adjunto	Por supuesto. Esperamos que todos nuestros directivos que ocupan puestos intermedios consigan alcanzar escalas más elevadas[3] a través del autodesarrollo. Nosotros les apoyamos en esa iniciativa por medio de una serie de cursos de perfeccionamiento a cargo de la empresa.
Srta Martínez	¿Con qué frecuencia son?
Director adjunto	Tres o cuatro veces al año, y esperamos que, en la medida posible,[4] todo el mundo asista a ellos.
Srta Martínez	Me parece bien. ¿Puedo hacerle otra pregunta?
Director adjunto	Cómo no.
Srta Martínez	¿Cuándo me notificarán si he conseguido el puesto?
Director adjunto	Nos pondremos en contacto con la persona seleccionada por teléfono esta tarde, y escribiremos a los demás.
Srta Martínez	Muchas gracias.
Director adjunto	Bueno, gracias a usted por haber asistido a la entrevista, señorita Martínez. Adiós.
Srta Martínez	Adiós.

1 The second word (vitae) is rarely used. 2 *Lo* refers to the question of her starting two months later. 3 A slight paraphrase: 'manage to reach higher scales'. 4 Literally, 'in the measure of the possible'.

Part 3

Carol Martin	Hello. Carol Martin.
Personnel officer	Good evening, Ms Martin. Barbara Carter here, from Keystone Engineering. I'm ringing to offer you the post here.
Carol Martin	Really? Well, thank you very much!
Personnel officer	I suppose the first question has to be whether or not you wish to accept the post.
Carol Martin	Yes, I do. Thank you.
Personnel officer	The starting salary, as we agreed, would be £000, with a salary review after your first six months.
Carol Martin	Yes, that's fine.
Personnel officer	When could you start?
Carol Martin	As I explained at the interview, there is a project I'm working on at the moment that I'd like to see through. Therefore, if possible I'd like to start in two months.
Personnel officer	Shall we say the 1st of June, then?
Carol Martin	Probably. I'll just need to discuss things with my present employer first. I'll do that after I get your offer in writing, and then ring you.
Personnel officer	You'll need to get down here a few times before, of course, to meet one or two people and get the feel of the place.
Carol Martin	Yes, certainly. I'd like to do that.
Personnel officer	Well then, I'll get my colleagues to send the formal written offer to you. That should be with you in a couple of days.
Carol Martin	Thank you for offering me the post.
Personnel officer	Look forward to working with you. Bye.
Carol Martin	Goodbye.

Tercera parte

Srta Martínez	Conchita Martínez. Diga.
Jefa de Personal	Buenas tardes, señorita Martínez. Le habla Bárbara Cebrián de Ingenieros Pardo. Le llamo para ofrecerle el puesto con nosotros.
Srta Martínez	¿De verdad? Estupendo,[1] y muchísimas gracias.
Jefa de Personal	Supongo que la primera pregunta que debo hacerle es si desea o no aceptarlo.
Srta Martínez	Por supuesto que sí. Gracias.
Jefa de Personal	El sueldo inicial, como lo acordamos, ascenderá a tres millones de pesetas al año, con revisión salarial al cabo de seis meses.
Srta Martínez	Sí, vale.
Jefa de Personal	¿Cuándo podría incorporarse?
Srta Martínez	Como dije en la entrevista, ahora estoy trabajando en un proyecto que quiero terminar. Por consiguiente, a ser posible, me gustaría empezar a trabajar con ustedes dentro de dos meses.
Jefa de Personal	Entonces, ¿para el primero[2] de junio?
Srta Martínez	Es probable. Primero tengo que tratar de algunas cosas con mi jefe actual. Esto lo[3] haré cuando haya recibido confirmación escrita de su oferta, y después le llamaré.
Jefa de Personal	Desde luego que antes va a tener que pasar por aquí alguna vez para conocer a una o dos personas y ambientarse un poco con el lugar.
Srta Martínez	Sí, cómo no. Me gustaría que así fuera.[4]
Jefa de Personal	Bueno, pues entonces notificaré a mis colegas para que le envíen la oferta formal por escrito. Le llegará dentro de unos días.
Srta Martínez	Gracias por ofrecerme el puesto.
Jefa de Personal	Tenemos muchas ganas de que empiece a trabajar con nosotros. Adiós.
Srta Martínez	Adiós.

1 Great!, super!, brilliant!.
2 In Latin America, *el uno de* . . . .
3 *Lo* repeats the preceding word (*esto*) partly for emphasis and partly due to the needs of the syntax.
4 Literally, 'I'd like that it were thus'.

32 Planning a budget

Managing director	All right, if I can open the meeting. This need not be too formal but I hardly need to say how important it is. And, for a start, the balance sheet for last year is for our eyes only.
Director 2	It makes very pleasant reading, 11 per cent growth on the preceding year.
Managing director	Don't get carried away, Derek. I've looked at our orders and would suggest that we should not count on more than 5 per cent growth in the coming year.
Director 2	Does that mean an average 5 per cent increase in expenditure all round?
Director 3	Most of the increase will be forced on us. We have got to give the staff a cost of living increase, fuel for the vans is bound to increase by at least 5 per cent.
Managing director	We certainly cannot recruit extra staff at this point so I agree with that. Is there any equipment we need to replace, Derek?
Director 2	The production stuff is in good nick and we have at least 20 per cent spare capacity. The vans are OK, not too much mileage.
Director 3	Rosemary needs a new printer and we could all do with a higher spec photocopier. We probably need to up our marketing effort.
Managing director	I am relying on you to watch the monthly cash flow like a hawk, Bill. Most of my time is taken looking for new business. What about production costs, Derek?
Director 2	I reckon we can increase production by 10 per cent with hardly any extra cost and no danger. How about that!
Managing director	And the bank is happy with the state of our overdraft. That all looks fairly satisfactory. As long as we continue to work flat out!

32 Planificando un presupuesto

Director gerente	Vamos a ver, amigos, que quiero empezar la reunión. Esta no tiene que llevarse a cabo de manera formal, pero ni qué decir tiene que[1] es importante. Y, para empezar, la hoja de balance del año pasado no debe salir de estas cuatro paredes.[2]
Director 2	Es agradable observar un incremento del once por ciento al del año anterior.
Director gerente	No te emociones, Daniel. He estudiado nuestros pedidos y sugeriría que no contásemos con más del cinco por ciento de crecimiento para el año próximo.
Director 2	¿Significa esto un promedio del cinco por ciento en todo tipo de gastos?
Directora 3	La mayoría de los incrementos serán forzosos. Tenemos que proveer a nuestro personal de un incremento salarial, el carburante para nuestras furgonetas es casi seguro que subirá por lo menos un cinco por ciento. . .
Director gerente	Está claro que por ahora[3] no podemos aumentar la plantilla, así que estoy de acuerdo con eso. Daniel, ¿necesitamos reponer algún material?
Director 2	Lo referente a[4] la producción va bien, y disponemos, por lo menos, de un veinte por ciento de capacidad sobrante. Las furgonetas marchan bien; no tienen demasiado kilometraje.
Directora 3	Rosa tiene que hacerse con una nueva impresora y nos vendría bien a todos una fotocopiadora de alta calidad. Probablemente tendremos que elevar nuestro esfuerzo en lo que al márketing se refiere.
Director gerente	Confío en que no pierdas de vista el cash-flow mensual, Guillermina. La mayor parte del tiempo de que dispongo yo la paso buscando nuevas iniciativas. ¿Y qué hay respecto a los gastos de producción, Daniel?
Director 2	Pienso que podemos incrementar la producción en un diez por ciento sin casi ningún gasto extra y sin riesgo. ¿Qué os parece?
Director gerente	Y el banco está satisfecho con el estado del saldo deudor de nuestra cuenta. Todo eso parece bastante satisfactorio. ¡Con tal que sigamos trabajando sin tregua![5]

1 'Ni qué decir tiene que': it goes without saying that . . . .
2 Literally, 'must not leave these four walls'.
3 For the time being.
4 'Lo referente a': the matter of.
5 Literally, 'without truce'.

33 Organizing a product launch

Director 1   My suggestion is that we hire a river cruiser and take our key accounts for a cruise and dinner. After dinner we can unveil our new range of services.

Director 2   Do you think that'll be enough?

Director 1   Well, when we've informed the key accounts, we can do some promotion in the trade press – some ads and, if possible, a press release. The key accounts managers will just have to keep in touch with their clients. We'll have to wait and see what response we get from the trade journals.

Director 2   OK. Let's go ahead with this. Do you want me to get Jim started on the arrangements?

Director 1   Yes, you might as well. By the way, what about hospitality for the press? Couldn't we invite them to the Clubroom for a special presentation?

Director 2   Good idea! I'll get Jim to see to it.

33 Organizando el lanzamiento de un producto

Director 1	Mi sugerencia es que alquilemos un crucero por el río e invitemos a nuestros clientes principales a una cena en crucero. Después de la cena podremos dar a conocer[1] nuestra nueva gama de servicios.
Director 2	¿Piensas[2] que eso será suficiente?
Director 1	Bueno, cuando les hayamos informado a estos clientes principales, podemos hacer promoción en la prensa comercial: algunos anuncios y, si es posible, un comunicado de prensa. Los encargados de cuentas importantes tendrán que estar en contacto con sus clientes. Sólo nos quedará esperar y ver qué tipo de respuesta nos da la prensa comercial.
Director 2	Vale. Arranquemos con esto. ¿Quieres que yo me encargue de que Jaime se responsabilice de estos trámites?
Director 1	Sí, a ello.[3] A propósito, ¿cómo vamos a recibir a la prensa? ¿No podríamos invitarles a que asistieran al Club para hacerles una presentación especial?
Director 2	Buena idea. Le diré a Jaime que se encargue de ello.

1 Literally, 'to give to know'.
2 Informal address between peers in a formal setting.
3 Literally, 'to it'.

34   Contacting official agencies

(a) Chamber of Commerce

Roberto Comas	How do you do? I'm Roberto Comas, from Textiles Paloma.
Arturo Castro	Pleased to meet you. Arturo Castro. My staff told me you were going to call in this morning. How can we help?
Roberto Comas	We are thinking of expanding the business, especially to focus on the '30 to 50' market, and were advised to seek your views on how and where best to establish retail outlets for our fashion products.
Arturo Castro	Well, Sr Comas. I hope you will join the Chamber as and when you set up in the city, but for the time being you are welcome to our assistance.
Roberto Comas	Yes, I understand, but right now we are keen to obtain some information on local retail figures, the competition, some data on the local population, available premises and so on.
Arturo Castro	That's no problem. We can provide you with what you request and much more. Are you likely to be creating any jobs through your new initiative?
Roberto Comas	I think it's inevitable that we will take on new staff, both in the factory and in the local shops. Do you happen to have a good contact at the Jobcentre?
Arturo Castro	Yes, of course. If you'd like to come through to my office, we'll have a coffee and get down to business on this one.

34 Contactando con agencias oficiales

(a) La Cámara de Comercio

Roberto Comas   Encantado de conocerle. Soy Roberto Comas, de Textiles Paloma.

Arturo Castro   Arturo Castro. Encantado. Mis empleados me dijeron que iba a venir esta mañana. ¿En qué podemos serle útil?

Roberto Comas   Estamos contemplando la expansión del negocio, concentrándonos especialmente en el mercado de 'los treinta a los cincuenta', y se nos ha aconsejado que nos asesoren ustedes respecto a cómo y dónde es la mejor manera de hacernos con[1] minoristas que vendan nuestras modas.

Arturo Castro   Bien, señor Comas, espero que se haga socio[2] de la Cámara cuando establezca su negocio en la ciudad, pero por ahora estamos encantados de poder ayudarle.

Roberto Comas   Sí, lo comprendo, pero lo que nos interesa ahora es obtener información sobre cifras de ventas en esta localidad, la competencia,[3] el número de habitantes, la disponibilidad de locales etcétera.

Arturo Castro   No hay problema. Nosotros podemos proporcionarle lo que solicita y mucho más. ¿Piensa usted que creará algún puesto de trabajo con su nueva iniciativa?

Roberto Comas   Creo que es inevitable que contratemos a personal nuevo, tanto en la fábrica como en los establecimientos locales. ¿Tiene usted buenos contactos con la Oficina de Empleo?

Arturo Castro   Claro que sí. Si quiere pasar por mi despacho, tomaremos un café y nos pondremos manos a la obra.[4]

1   Here: 'to obtain', 'make contact with' (retailers).
2   *Hacerse socio de*: to become a member of.
3   *Competencia* also means 'competence' ('ability') and in Spain it is also used to allude to administrative power(s).
4   Literally, 'put (our) hands to the work'.

(b) Customs and Excise

Customs and Excise officer	Good morning, sir.
Retailer	Hello, I have a query regarding the import of meat products. I wonder if you can help me.
Customs and Excise officer	Certainly. Can you explain?
Retailer	We're a meat retailer based here in Dover, and we're intending to import a range of cooked meats and sausages from a German supplier. So far we've only been supplied by British companies. I need to know what the regulations are.
Customs and Excise officer	It's rather difficult and complex to explain briefly. There is a range of regulations and restrictions. They're all contained in our information brochures. When are you intending to import?
Retailer	We'll get the first shipment in a couple of weeks.
Customs and Excise officer	Then you'd better move fast. I'll collect all the information for you. The best thing is for you to read it and then, if you have any queries, come back to us.
Retailer	Fine. I'll get down to it.

(b) Aduanas e Impuestos

Oficial de Aduanas	Buenos días, señor.
Detallista	Oiga, quisiera hacerle una pregunta acerca de la importación de productos cárnicos. Me pregunto si usted podría informarme.
Oficial de Aduanas	Cómo no. ¿Quiere explicármelo?
Detallista	Somos detallistas[1] de productos cárnicos aquí en Irún, y pretendemos importar un surtido de carnes precocinadas y salchichas procedentes de un distribuidor alemán. Hasta ahora sólo nos han surtido empresas francesas. Necesito saber cuál es el reglamento al respecto.[2]
Oficial de Aduanas	Es un poco difícil y complejo para explicárselo de forma breve. Hay una serie de reglamentos y restricciones; toda la información está recogida en nuestros folletos explicativos. ¿Cuándo tienen intención de importar?
Detallista	Dentro de un par de semanas recibiremos el primer envío.
Oficial de Aduanas	Entonces tendrá que darse prisa. Yo me hago cargo de recogerle la información necesaria, y lo mejor es que, una vez leída y en caso de duda,[3] se ponga en contacto con nosotros de nuevo.
Detallista	Bueno. Lo haré ahora mismo.

1 Alternative: *minorista(s)*.
2 Literally, 'to the respect'.
3 Both phrases ('*una vez leída*' and '*en caso de duda*') are typical of the economy of expression possible in Spanish.

35 Presenting company policy

(a) Location

Managing director   As you know, the company's policy is based on setting up new plants in areas which offer the most advantages. For this reason the liquid detergent plant here will close as soon as the new plant is operational in the south-east. There are both economic and social benefits in doing it this way.

Journalist   What about the people currently working at the plant? What will happen to them? Will they be made redundant?

Managing director   That's not the way we do things here. We'll look to natural wastage and early retirements throughout the company – nobody will be made redundant because of this. Clearly, some people will have to be redeployed and there may be possibilities at the new plant for some of the specialist technicians if they are willing to relocate.

Journalist   How will you reorganize the remaining staff? Would they qualify for removal assistance if they agreed to move?

Managing director   Clearly we will offer them a relocation package if they are prepared to move; that's standard practice here.

35 Exponiendo la política de una empresa

(a) Ubicación

Director gerente Como sabe, la política de la empresa se basa en la creación de nuevas instalaciones en zonas que ofrecen más ventajas. Por esta razón la planta de detergente líquido, que tenemos aquí, cerrará tan pronto como la nueva esté en funcionamiento en el sudeste. Hay beneficios tanto económicos como sociales haciéndolo[1] de esta forma.

Periodista ¿Y qué me dice[2] respecto a los empleados que trabajan en la instalación? ¿Qué les pasará? ¿Perderán el puesto de trabajo?

Director gerente Aquí no actuamos de esa forma. Estudiaremos las bajas vegetativas[3] y las jubilaciones anticipadas por toda la compañía; nadie perderá su puesto de trabajo debido a esta causa. Está claro que algunos tendrán que ser trasladados, y puede que haya posibilidades en la nueva instalación para ciertos técnicos especialistas si ellos están dispuestos a cambiarse.

Periodista ¿Cómo reorganizará usted al resto de la plantilla? ¿Tendrán derecho a remuneración por traslado si están de acuerdo con éste?

Director gerente Por supuesto que les ofreceremos un paquete para volver a colocarlos si están de acuerdo con el traslado; eso es lo que se hace aquí por regla general.

1 Gerund has force of 'by...ing'.
2 A conversational addition, with a hint of criticism.
3 Literally, 'vegetative losses'.

(b) Development

Personnel manager	So, as we have seen during the last half-hour, the prospects for the next few years are quite encouraging. We now need to consider precisely how we are going to develop policies to benefit the firm and its employees.
Managing director	Can I just add before you continue, Alan, that the Board will be taking very seriously whatever conclusions are drawn by this group today. So it is essential that people speak their mind.
Personnel manager	Thanks for confirming that, Victor. Frankly, recent EU legislation means that our profit margins can be increased as long as we take into account from the start matters like Health and Safety, employee compensation, maternity benefits etc. These items, that normally and quite properly cost us a percentage of raw profits, can be reclaimed if fully documented.
Financial director	Well, that's good news as in the past we've never been able to prepare very well for covering this sort of cost to the company.
Personnel manager	I am proposing, therefore, that we create a small unit within the company to cover the full range of benefits that can accrue to us under the new provisions. In addition to this, we should be able to demonstrate to the workforce that by our observing these criteria they too will have an enhanced status. Before I continue with my next subject, are there any questions?
Sales manager	Alan, can anyone guarantee that our current level of sales is sustainable? What you are saying about the interests of the workforce and those of the company as a whole being convergent seems to me a rather optimistic interpretation.
Personnel manager	We've commissioned a report on this very question, so as long as everybody is prepared to wait for a week or two longer I should be able to give you an honest answer. Frankly, whatever the precise outcome of that report, we have to make plans for a future in which we balance the financial wellbeing of the firm with that of all the individuals who work in and for it.

(b) Desarrollo

Director de Personal	Bueno, tal y como hemos visto durante la pasada media hora, la perspectiva para los próximos años es bastante alentadora. Ahora necesitamos plantearnos precisamente cómo vamos a desarrollar una política que beneficie[1] a la empresa y a sus empleados.
Directora Gerente	Alonso, antes de que sigas, quisiera añadir que la Junta Directiva tomará muy en serio cualquiera de las conclusiones acordadas por el grupo en el día de hoy. Por lo tanto es esencial que los aquí presentes hablen claro.
Director de Personal	Victoria, gracias por confirmarlo. Francamente, la reciente legislación comunitaria[2] significa que nuestros márgenes gananciales pueden incrementarse con tal que se consideren, desde un principio, asuntos como la seguridad y sanidad, la retribución[3] a empleados, los beneficios de maternidad etcétera. Todos estos pagos, que por lo general y en verdad suponen un porcentaje de nuestras ganancias brutas, pueden reclamarse bajo documentación apropiada.
Director de Finanzas	Bueno, ésa es una buena noticia ya que en el pasado nunca hemos podido, en esta empresa, prepararnos muy bien para cubrir este tipo de costes.
Director de Personal	Propongo, por lo tanto, que dentro de la empresa creemos una pequeña unidad que cubra todo tipo de beneficios que se nos vayan acumulando según las nuevas disposiciones. Además de esto, debemos ser capaces de demostrar a la plantilla que, al cumplir estos criterios nosotros, los mismos empleados verán mejor protegida su posición. Antes de pasar al próximo tema, ¿hay alguna pregunta?
Directora de Ventas	Alonso, ¿puede alguien garantizar que nuestro nivel de ventas sea ininterrumpido? Lo que dices acerca de intereses convergentes de la plantilla y de la empresa en general me parece un juicio bastante optimista ...
Director de Personal	Hemos pedido un informe sobre este mismo asunto; por lo tanto, siempre que todos estén dispuestos a esperar una o dos semanas más, podré daros una respuesta franca. Sinceramente, sea cual fuere[4] el resultado exacto del informe, tenemos que planear un futuro en el cual equilibremos el bienestar financiero de la empresa con el de todos los individuos que trabajan en ella y para ella.

1 The first of numerous examples of the subjunctive in this conversation; predictable because future developments are being discussed. 2 Adjective derived from *Comunidad* (*Europea*). 3 Both meanings of compensation (American English: 'salary', British English: 'indemnity') are covered by *retribución*; if only 'salary' is intended the alternatives are: *salario/sueldo/remuneración*. 4 Literally, 'be it what it will be': a formal expression, including the (rare) future subjunctive *fuere*.

(c) Staffing

Personnel manager	I've called you in to tell you about our proposed staff changes.
Trade union representative	Yes, I know. I've heard that you're planning compulsory redundancies.
Personnel manager	No, that's not the case, but we do need to rationalize.
Trade union representative	Can you tell me why?
Personnel manager	Everyone knows why: production costs have been increasing because of outmoded plant. We've taken the decision to close one of our older plants.
Trade union representative	Has it been decided which one?
Personnel manager	We have a choice of either Sheffield or Gloucester. The precise figures are being worked out.
Trade union representative	And what happens to the workforce?
Personnel manager	We'll propose voluntary redundancies and early retirements. That should alleviate the problem considerably.
Trade union representative	But not fully. You'll have to lay people off.
Personnel manager	We don't think so. The staff remaining after redundancies and early retirement can be relocated. We have other plants within 20 miles of both Sheffield and Gloucester. It's a case of streamlining production, not cutting it back.
Trade union representative	So what will be the total reduction in the workforce?
Personnel manager	In the region of 200 to 250.
Trade union representative	And when are the changes being made?
Personnel manager	We're hoping to have them complete by the end of January.
Trade union representative	Has it been discussed at board level yet?
Personnel manager	Of course – the board gave its approval last week. That's why we're moving on it now.

(c) Personal

Director de Personal	Le he llamado para informarle acerca de los cambios propuestos para el personal.
Representante sindical	Sí, ya lo sé. He oído que usted propone bajas forzosas.
Director de Personal	No, ése no es el caso, aunque sí tenemos que racionalizar.
Representante sindical	¿Puede explicarme el por qué?
Director de Personal	Todo el mundo sabe el por qué: los costes[1] de producción han ido en aumento[2] debido a la anticuada instalación. Hemos decidido cerrar una de nuestras plantas más antiguas.
Representante sindical	¿Han decidido cuál de ellas?
Director de Personal	Podemos escoger entre la de Segovia y la de Avila. Se están estudiando las cifras con exactitud.
Representante sindical	¿Y qué va a suceder con la plantilla?
Director de Personal	Vamos a proponerles el paro[3] voluntario y la jubilación anticipada, lo que puede aliviar el problema sustancialmente.
Representante sindical	Pero no por completo. Ustedes tendrán que despedir a empleados.
Director de Personal	Pensamos que no es así. Al resto de los empleados les volveremos a colocar. Tenemos otras plantas, ambas a veinte kilómetros de Segovia y Avila. Se trata de hacer más eficiente la producción, no recortarla.
Representante sindical	Entonces, ¿cuál será la reducción total de la plantilla?
Director de Personal	Entre los doscientos (200) y los doscientos cincuenta (250).
Representante sindical	¿Y cuándo se efectuarán los cambios?
Director de Personal	Esperamos completarlos para finales de enero.
Representante sindical	¿Ya se ha tratado a nivel de reunión?
Director de Personal	Evidentemente: el Consejo de Administración dio su aprobación la semana pasada. De ahí que[4] ahora vaya adelante.

1 In Latin America: *costos*.
2 Literally, 'have been going in increase'.
3 In Latin America *paro* refers to a strike; in Spain to unemployment and unemployment benefit, as well as to a strike.
4 Literally, 'From there that...'.

(d) Sales

Chairman	I am pleased to open this first Board Meeting following our change of parent company. The first item on the agenda is sales policy, Charles.
Charles	Thank you, Mr Chairman. I am instructed by the main board of our parent company to plan, with you, the introduction of a new sales policy.
Director 2	What view is taken of our existing policy? Too expensive?
Charles	In a nutshell, yes. The company's product lines are mostly good but the sales operation could be improved.
Director 2	I am not surprised. I have thought for some time that we have too large a sales force in too many regions.
Charles	That brings us to one of the proposals I want to make. To redraw the regions and slim down the workforce.
Director 2	By redundancy or natural wastage?
Charles	A bit of both will probably be necessary. Also some concern has been expressed about the size of the advertising budget.
Director 3	Hear, hear. For a company with good products we do a hell of a lot of advertising.
Charles	I gather it is proposed, subject to this board's approval, to appoint a top class Marketing Manager with a view to reviewing the whole operation.
Director 2	Is a system of dealerships on the cards?
Charles	Nothing is excluded based on the premise of a need to rationalize the sales operation.

(d) Ventas

Presidente   Tengo el placer de dar comienzo a esta primera reunión de la Junta Directiva tras los cambios acaecidos en nuestra casa matriz. Carlos, el primer asunto a tratar en el orden del día es la política de ventas.

Carlos   Gracias, Presidente. La junta principal de nuestra casa matriz me ordena planificar, con ustedes, la introducción de una nueva política de ventas.

Directora 2   ¿Cuál es la opinión de la actual política? ¿Demasiado cara?

Carlos   En resumidas cuentas, sí. Nuestra gama de productos es en general buena, pero las operaciones de ventas podrían mejorarse.

Directora 2   No me sorprende. Llevo mucho tiempo pensando que en demasiadas regiones nos sobran vendedores.

Carlos   Eso nos lleva a una de las propuestas que quiero hacer. Volver a trazar las regiones y reducir el número de empleados.

Directora 2   ¿Por despidos o por bajas vegetativas?

Carlos   Probablemente será necesario un poco de los dos. También se ha expresado preocupación acerca del tamaño del presupuesto publicitario.

Director 3   ¡Ya lo creo![1] Como empresa con buenos productos, hacemos muchísima publicidad.

Carlos   Tengo entendido que se propone, si lo aprueba la Junta Directiva, nombrar a un Director de Márketing de óptima reputación con vistas a revisar toda la operación.

Directora 2   ¿Se prevé una red de concesionarios?[2]

Carlos   Basándose uno en la necesidad de racionalizar la operación de ventas, no se descarta[3] nada.

1   Literally, 'Now I believe it'; I should think so!
2   More accurately: 'dealers'.
3   *Descartar*: 'to rule out', 'discard'.

36 Visiting the bank manager

Bank Manager	Good morning, Mrs Ansell. I'm pleased to see you again.
Mrs Ansell	Good morning, Mr Donald. I have come to discuss our business plan with you. Our turnover has risen by 40 per cent over the last three years and our products have been selling really well. We'd like to open another shop in Loughborough.
Bank Manager	Well, Mrs Ansell, I have followed the success of your company with interest. This bank has been very happy to support its development and you've always stayed within your overdraft limits. How might we help you now?
Mrs Ansell	We're having to plough back most of our profits into the business in order to finance our growth. We've had market research done in Loughborough and are convinced that it will be a success, particularly as Loughborough is a university town. What I've come to discuss is a loan to finance the lease of a shop and to buy start-up stock.
Bank Manager	I'm sure the bank will be willing in principle to finance your business's future growth. If you send me your proposal for the shop in Loughborough, specifying the amount you wish to borrow, along with cash-flow projections – you know, all the usual information – I will consider it as quickly as possible.
Mrs Ansell	Thank you very much. I'll send you our proposal in the next few days.

36 Haciendo una visita al director de un banco

Director de Banco	Buenos días, señora Arias. Me complace volver a verla.
Sra Arias	Buenos días, señor Domingo. He venido a tratar de nuestros planes comerciales con usted. Nuestra facturación[1] ha aumentado en un cuarenta por ciento (40%) durante los últimos tres años, ya que los productos se están vendiendo muy bien. Nos gustaría ya abrir otra sucursal[2] en Salamanca.
Director de Banco	Bien, señora Arias, he seguido con interés el éxito de su empresa. Este banco siempre ha querido apoyar sus iniciativas, y ustedes han permanecido dentro de los límites de su saldo deudor. ¿Cómo podemos ayudarles ahora?
Sra Arias	Nos vemos obligados a reinvertir la mayoría de nuestras ganancias con objeto de financiar nuestra expansión. Hemos llevado a cabo un estudio de mercado en Salamanca y estamos convencidos de que será un éxito puesto que Salamanca es ciudad universitaria. De lo que he venido a tratar es sobre un préstamo para financiar el alquiler de una tienda y comprar las existencias necesarias para ponerla en marcha.
Director de Banco	Estoy seguro que, en principio, el banco no tendrá inconveniente en financiar la futura expansión de su negocio. Si me envía la propuesta para la tienda de Salamanca, especificándome la cantidad que desea que le prestemos, junto con la proyección del flujo de fondos – ya sabe, la información acostumbrada – la estudiaré tan pronto me sea posible.
Sra Arias	Muchísimas gracias. Le enviaré nuestra propuesta en los próximos días.

1 Note same term is used for invoicing and for checking in (travel).
2 'branch'.

37 Selling a service to a client

Teresa Flowers	Good morning, Mr Tolson. I'm Teresa Flowers from P and G Computer Maintenance Services. You answered one of our ads in the *Evening Mail*, so I have come to fill you in on what we have to offer small businesses.
Mr Tolson	Ah yes, thank you for coming so soon. As you can see, we recently purchased a computer system to maximize our efficiency in dealing with orders.
Teresa Flowers	I assume that you have an initial service contract on the machines, but once that runs out you would be best advised to take out a plan like ours. We can provide a 24-hour breakdown cover, three-monthly servicing, immediate replacement of faulty equipment, regular updating of your software and a free consultancy service for the duration of the contract.
Mr Tolson	It sounds a good deal, but what are the conditions of payment? Is it possible to pay monthly via a standing order or does it have to be a lump sum?
Teresa Flowers	You can pay either way, as long as your bank can guarantee that your account will bear it. Let me leave you some brochures to read at your leisure; you'll be able compare our prices and conditions with others, though I can assure you that it's the most favourable deal available at present.
Mr Tolson	OK, fair enough. Can you give me a ring in about a week and I'll let you know what I think.
Teresa Flowers	No problem. Give me your number and I'll contact you early next week.

37 Vendiendo un servicio a un cliente

Teresa Flores   Buenos días, señor Torres. Soy Teresa Flores, del Servicio de Mantenimiento de Ordenadores P y G. Usted contestó a uno de nuestros anuncios que figuraban en el *Correo de la Tarde*; así que he venido a informarle sobre lo que ofrecemos al pequeño comerciante.

Sr Torres   Ah, sí. Gracias por venir tan pronto. Como podrá observar, recientemente compramos un sistema informatizado[1] para potenciar al máximo nuestra eficacia cuando se trata de pedidos.

Teresa Flores   Me figuro que usted tendrá un contrato inicial de servicio para la maquinaria, pero una vez que éste caduque le aconsejaríamos que sacara un seguro como el nuestro. Nosotros proporcionamos un seguro de cobertura de avería de veinticuatro (24) horas al día, servicio de mantenimiento trimestral, repuesto inmediato de material defectuoso, actualización constante del software y servicio gratuito de asesoramiento mientras dure el contrato.

Sr Torres   Parece una buena oferta, pero ¿cuáles son las condiciones de pago? ¿Se puede efectuar el pago mensual por orden permanente[2] o tiene que pagarse una suma fija?

Teresa Flores   Puede pagarse de cualquier forma con la condición de que su banco garantice que su cuenta puede correr con los gastos.[3] Le daré unos folletos que puede leer detenidamente; podrá comparar nuestros precios y condiciones con otros, aunque le aseguro que es el contrato más favorable de que disponemos en la actualidad.

Sr Torres   Vale. ¿Podría darme un telefonazo dentro de una semana aproximadamente? Le diré lo que pienso.

Teresa Flores   Sin problema. Deme su número y contactaré con usted a principios de la semana que viene.

1 'Computerized'.
2 'Standing order': (*la*) *orden permanente de pago*.
3 Literally, 'to run with the costs'.

38 Selling a product to a client

Salesman	This motor is very good value, sir, if you prefer not to buy new.
Customer	It certainly looks to be in immaculate condition. About two years old, is it?
Salesman	Eighteen months. It only has 6,000 miles on the clock.
Customer	That's unusual, isn't it? Who was the previous owner?
Salesman	It's been a demonstration model. That explains the complete lack of any dents and no rust, of course.
Customer	What sort of discount could I have? Can you offer a hire purchase deal?
Salesman	We are offering a 5 per cent discount off the list price and you could repay over one or two years.
Customer	That sounds quite interesting. And you would offer me the trade-in price for my present car that we discussed earlier.
Salesman	Yes indeed, sir. Would you like to go for a spin?

38 Vendiendo un producto a un cliente

Vendedor Señor, si no quiere comprarse un carro[1] nuevo, éste está muy bien de precio.[2]

Cliente Desde luego que parece estar en perfectísimas condiciones. Tendrá dos o tres años ¿verdad?

Vendedor Tiene dieciocho (18) meses. El cuentakilómetros marca sólo diez mil (10.000) kilómetros.

Cliente Eso es poco corriente[3] ¿verdad? ¿Quién fue su último propietario?

Vendedor Ha sido el carro de demostración. Claro, así se explica por qué no tiene ni abolladuras ni corrosión.

Cliente ¿Qué tipo de descuento me haría? ¿Y podría comprarlo a plazos?[4]

Vendedor Ofrecemos un cinco por ciento de descuento del precio del catálogo, y podría pagarlo en un plazo de uno o dos años.

Cliente Esa oferta es interesante. ¿Y usted me restará también del precio lo que vale mi coche actual, según lo acordado antes?

Vendedor Por supuesto, señor. ¿Le gustaría ir a dar una vuelta?

1 The Latin American term; in Spain (*el*) *coche*.
2 '*Está bien de precio*': idiomatic usage.
3 Literally, 'little current'.
4 'In instalments'.

39 Giving an informal vote of thanks

Speaker   Ladies and gentlemen, I'd like to take this opportunity of thanking Leonard White and his colleagues for arranging the seminar over the last few days. I'm sure we've all found it most interesting and stimulating, and we all have good ideas to take back with us.

I'd also like to thank Leonard White and his colleagues for their hospitality over the last two evenings, and I'm sure I speak for all of us when I say that the seminar has been a great success.

As you all know, we intend to hold a similar seminar next year at our headquarters, and that will give us the opportunity to return the hospitality. Thanks again, Leonard and colleagues, for a most successful event.

39 Dando las gracias: forma no ceremoniosa

Oradora   Señoras y señores: quisiera aprovechar esta oportunidad para darles las gracias a Leonardo Blanco y a sus colegas por haber organizado el seminario durante los últimos días. Estoy segura de que ha sido interesante y estimulante y que todos[1] nos llevaremos de vuelta muy buenas ideas.

También me gustaría darles las gracias a Leonardo Blanco y a sus colegas por la hospitalidad que nos brindaron durante las dos últimas veladas, y estoy segura de que en nombre de todos puedo decir que el seminario ha tenido un éxito rotundo.

Como saben, tenemos la intención de celebrar un seminario semejante en nuestra oficina central el año próximo, y tendremos la oportunidad de devolver la hospitalidad. Gracias una vez más a Leonardo y colegas por este acontecimiento[2] de lo más exitoso.

1   Although the speaker is female, she uses masculine adjectives in referring to a group in which the genders are mixed, a normal linguistic practice.
2   'Event'.

40 Discussing contracts

(a) Sales conditions

Client   I'm pleased to inform you that we are prepared to include your company as one of our suppliers. Before we sign an agreement, we need to agree on terms and conditions.

Supplier   We're delighted. What in particular do we need to agree?

Client   Firstly, our terms of payment are 20 per cent on receipt of the goods and the remainder within 90 days.

Supplier   We normally expect to be paid in full within 60 days, but if we can have a two-year agreement, we could accept that.

Client   Fine. We also want a 10 per cent discount for orders of over 5,000 parts. Deliveries must also be made by the specified date, with penalties for late delivery. I think you've already been given some details.

Supplier   Yes, and I can assure you that we are accustomed to just-in-time delivery. I'm sure that you know already that we offer good service at a good price. We're ready to sign.

Client   That's good. I have the agreement here.

40 Debatiendo un contrato

(a) Condiciones de venta

Cliente   Me complace informarle que estamos dispuestos a incluir a su empresa como una de nuestros distribuidores. Antes de firmar un convenio, pues, hay que ponerse de acuerdo sobre las condiciones.

Distribuidor   Nosotros estamos encantados. En concreto, ¿qué tenemos que acordar?

Cliente   En primer lugar, nuestras condiciones son efectuar el pago del veinte por ciento del valor de las mercancías al recibo de éstas,[1] y el resto en un período de noventa días.

Distribuidor   Por lo general esperamos que nos efectúen el pago completo en un período de sesenta días, pero si nos hacemos un contrato de dos años, podríamos aceptar eso.

Cliente   Está bien. También queremos que nos hagan un descuento del diez por ciento en pedidos de más de cinco mil (5.000) piezas. Las entregas deben efectuarse también en la fecha especificada, penalizando los retrasos. Tengo entendido que ya les[2] han dado algunos de los pormenores.

Distribuidor   Sí, y le aseguro que estamos acostumbrados a efectuar las entregas a tiempo. Estoy seguro que ya son conscientes de que ofrecemos buen servicio a buen precio. Estamos dispuestos a firmar.

Cliente   Estupendo. Aquí tengo el acuerdo.

1   *Éstas* refers to the goods.
2   *Les*: 'you' plural (in spite of one-to-one conversation).

(b) Payment conditions

Client	When will I be required to complete the payment of the instalments on the new equipment?
Supplier	There are several plans under which you have maximum flexibility of conditions. Obviously, you can pay the full amount in a one-off sum, which would mean a substantial saving overall as interest costs are always high in the transport sector.
Client	Suppose I could pay you 50 per cent of the total cost now, what sort of arrangements would best suit us both for the other half over a couple of years?
Supplier	That would depend on how we structure our own borrowing requirement, but in principle there is no reason why payments cannot be adjusted exactly to suit your circumstances.
Client	Fine. Can you give me a few days to discuss this with my accountant? If the bank is willing to lend me more than I had first thought, it may be possible to buy it outright.
Supplier	Why not? With general interest rates as they are it could be worth risking a big outlay. Remember: either way we can help as our own finances are secured by the parent company.
Client	Thanks for the reassurance. I'll let you know ASAP.

(b) Condiciones de pago

Cliente   ¿Cuándo tendré que completar el pago a plazos[1] del nuevo material?

Distribuidor   Hay diversidad de planes según los cuales usted dispone de una gran flexibilidad de condiciones. Por supuesto, puede pagar la suma total de una vez, lo que supondría un ahorro general considerable, ya que en el sector del transporte los intereses son siempre altos.

Cliente   Suponiendo que le pudiera pagar el cincuenta (50) por ciento del coste total ahora, ¿qué tipo de arreglo podríamos acordar, y que nos viniera bien a ambas partes, para pagar la otra mitad en un período de dos años?

Distribuidor   Eso dependería de la forma en que estructuremos nuestras necesidades de préstamo, pero en principio no existe razón por la que los pagos no puedan ajustarse a sus circunstancias.

Cliente   Bien. ¿Puedo disponer de unos días para tratar de esto con mi contable?[2] Si el banco está dispuesto a prestarme más de lo que había pensado en un principio, tal vez fuera posible comprarlo en su totalidad.

Distribuidor   Cómo no. Según están los tipos[3] de interés, valdría la pena arriesgar un desembolso grande. Recuerde usted: comoquiera que sea, podremos echarle una mano ya que nuestros fondos vienen garantizados por la empresa matriz.

Cliente   Gracias por su promesa tranquilizadora. Se lo comunicaré lo antes posible.

1   Also *mensualidades*; in Latin America *cuotas*.
2   In Latin America: *contador*.
3   In Latin America: *tasas de interés*.

(c) Breach of contract

Client	Well, here we have the order contract that you wanted to discuss.
Supplier	Yes, thanks. The paragraph I wanted to look at was this one, 9b.
Client	Is there a problem?
Supplier	It indicates that unless we deliver within three days of the date indicated, we are in breach of contract and the order can be cancelled.
Client	It's part of our normal contract. Would you have a problem with that?
Supplier	I find it a bit unusual.
Client	We've had to introduce it because in the past we had lots of problems with suppliers missing the delivery dates by weeks. We lost a lot of customers because of that. Since we introduced the modified contract we've had far fewer problems with delays.
Supplier	Is it possible to vary it a little?
Client	In what way?
Supplier	Well, I find three days very restrictive. We'd be much happier with one week.
Client	I'm sure you would! Any particular reason? Have you run into difficulties meeting dates in the past?
Supplier	Only rarely, but it does happen. And it's usually because a supplier has let us down. I'd like to modify that paragraph a bit, to give us a little more time.
Client	Let me check it out with our manager. I'll get back to you in the next 24 hours.
Supplier	Thanks.

(c) Infracción

Cliente	Bien, aquí está el contrato del pedido que usted quería debatir.
Distribuidor	Sí, gracias. El párrafo que quería examinar es éste, el 9b.
Cliente	¿Hay algún problema?
Distribuidor	Señala que a no ser que efectuemos la entrega dentro de los tres días estipulados, hay infracción de contrato, y el pedido puede anularse.
Cliente	Eso constituye parte de nuestro contrato habitual. ¿Les plantearía algún problema?
Distribuidor	Pues, lo considero un poco extraño.
Cliente	Hemos tenido que incluirlo, ya que en el pasado tuvimos muchos problemas con los distribuidores, los cuales pasaban por alto[1] las fechas de entrega durante semanas. Debido a ello perdimos a muchos clientes. Desde que hemos introducido la modificación en el contrato, nos hemos encontrado con poquísimas dificultades de tipo retrasos.
Distribuidor	¿Es posible reformarlo un poco?
Cliente	¿De qué forma?
Distribuidor	Bueno, pienso que es muy restrictivo lo de tres días. Estaríamos más satisfechos con una semana.
Cliente	¡Ya lo creo que estarían![2] ¿Por alguna razón en concreto? ¿En el pasado se han tropezado con dificultades a la hora de cumplir con las fechas?
Distribuidor	En muy raras ocasiones, pero sí ocurre; y es probable que un distribuidor nos haya dejado plantados.[3] Me gustaría modificar un tanto ese párrafo para disponer de un poco más de tiempo.
Cliente	Déjeme que lo consulte con nuestro director. Contactaré con usted en las próximas veinticuatro horas.
Distribuidor	Gracias.

1 *Pasar por alto*: 'to miss', 'ignore'.
2 Literally, 'Now I think you would be!'
3 *Dejar plantado*: 'to leave in the lurch', 'let down'.

41 Meeting a visitor at the airport

Mr Parker	Messrs Martin and Bertot from Toulouse?
M. Martin	Are you Mr Parker from Perkins Industrial?
Mr Parker	Yes, indeed. I am glad to hear that you speak English, I was trying to remember my schoolboy French on the way to the airport.
M. Martin	My colleague Bertot cannot speak English I am afraid, so you may need to try out some of your schoolboy French, or perhaps get the help of an interpreter when we come to discuss the contract.
Mr Parker	Right, I'll see to it. Are these your bags? My car is just outside. Did you have a good journey?
M. Martin	We had a fairly good journey. For some reason our plane from Toulouse to Paris was delayed so we nearly missed the Paris–Birmingham flight.
Mr Parker	I am sure our Chairman will be pleased that you made it. We have high hopes for our proposed deal. Would you like to have a coffee before we set off?
M. Martin	Don't worry, we had a meal during the flight.
Mr Parker	Before we get back to talking shop can I just ask you what time you need to check in for this evening's return flight?

41 Recibiendo a visitas en el aeropuerto

Sr Pajares   ¿Los señores Martin y Bertot de Tolosa?

M. Martin   ¿Es usted Pajares, de Enfisa?

Sr Pajares   Efectivamente. Me complace saber que habla castellano; de camino al aeropuerto trataba de recordar el francés que aprendí en el instituto.

M. Martin   Siento decirle que mi colega Bertot no habla castellano, así que tal vez tenga que poner en práctica el francés que usted aprendió en el instituto, o quizá servirse de un intérprete cuando tratemos de lo referente al contrato.

Sr Pajares   Bien, me encargaré de ello.[1] ¿Son éstas sus maletas? Tengo el coche fuera, ahí mismo. ¿Qué tal[2] les fue el viaje?

M. Martin   Hicimos el viaje bastante bien. Por no sé qué razón el avión de París a Tolosa se retrasó, así que casi perdimos el vuelo Tolosa–Valencia.

Sr Pajares   Estoy seguro que a nuestro presidente le agradará saber de su llegada. Tenemos puestas[3] grandes esperanzas en el trato que vamos a proponerles. ¿Les gustaría tomar un café antes de que empecemos?

M. Martin   No se moleste. Comimos algo durante el vuelo.

Sr Pajares   Antes de que volvamos a hablar de negocios, quisiera preguntarles, ¿a qué hora tienen que estar en el aeropuerto esta tarde para coger el vuelo de regreso?

1   '*Ello*': the arrangements for an interpreter.
2   *¿Qué tal. . .?* used to refer to a variety of phenomena (here, the flight, and including a verb).
3   Literally, 'We have great hopes placed. . .'.